孟子

全译

李申 译注

巴蜀书社

图书在版编目（CIP）数据

孟子全译／李申译注. -- 成都：巴蜀书社，
2024.4
　　ISBN 978-7-5531-2164-2

　　Ⅰ.①孟… Ⅱ.①李… Ⅲ.①《孟子》-译文
Ⅳ.①B222.54

中国国家版本馆 CIP 数据核字（2024）第 023052 号

孟子全译
MENGZI QUANYI

李申　译注

出 品 人	王祝英
责任编辑	张琳婉
封面设计	王　琪
发　　行	巴蜀书社
	四川省成都市锦江区三色路 238 号新华之星 A 座 36 楼
	邮编 610023　总编室电话：（028）86361843
网　　址	www.bsbook.com
经　　销	新华书店
印　　刷	成都蜀通印务有限责任公司
版　　次	2024 年 4 月第 1 版
印　　次	2024 年 4 月第 1 次印刷
成品尺寸	140mm×203mm
印　　张	14
字　　数	330 千
书　　号	ISBN 978-7-5531-2164-2
定　　价	59.00 元

本书如有印装质量问题，请与工厂调换

第一版编委会

主 编

任继愈

编 委

(按姓氏笔画排序)

方立天	孔　繁	任继愈	牟钟鉴
杜继文	何兆武	余敦康	杨宗义
庞　朴	冒怀辛	段文桂	段志洪
萧萐父	阎　韬	黄　葵	楼宇烈

再版说明

中国古代哲学是中华优秀传统文化的重要组成部分，集中反映了中华民族认识世界、改造世界的过程，体现出中华民族的超群智慧和深厚文化底蕴，在新时代仍具有重要的价值和意义，充满了生机与活力。为积极弘扬中华优秀传统文化，推动中华民族现代文明建设，我们对20世纪90年代我社出版的经典哲学丛书《中国古代哲学名著全译丛书》进行修订再版，以飨读者，也是践行习总书记提出的文化自信的重大举措。

为方便时下读者阅读，本次再版，我们做了如下调整。

（1）对原二十四种哲学名著做了精选，保留其中十八种。

（2）对各译本内容的结构进行了优化调整，将原文、注释和译文分段对应，将原注释及译文部分的脚注放到原文之下，以便更好地发挥注释、译文、脚注等对原文阅读的辅助作用。

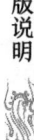

（3）为体现时代发展、哲学研究发展、语言发展和新时代文化发展要求，对原版内容中的一些专业提法及语言描述等做与时俱进的优化修改。

本丛书译注者中，任继愈等几位先生虽然已经仙逝，但他们与文字永存。

本次再版，得到李申等几位先生的大力支持。在此，表示衷心感谢。再版工作的不足之处，恳请读者提出宝贵意见，以便本丛书不断臻于完善。

巴蜀书社
2023年6月

原书总序

在国务院古籍出版规划统一方针指导下，我们与巴蜀书社合作，编辑了这套《中国古代哲学名著全译丛书》。

世界各民族不论大小，都对人类文明有所贡献，中华民族有五千年的历史，它对人类文明已经做出过伟大的贡献。伟大的贡献，有赖于民族思想文化的成熟。中国哲学，是中华民族思想文化成熟的标志。

五千年来，中华民族经历了无数的忧患和灾难。但是，忧患和灾难并未使它消沉，反而使它磨炼得更加坚强，在与困难和挫折的斗争中，它发展了、前进了。在前进的过程中，中华民族认识着世界，改造着世界，同时也改变着自身。

中华民族认识世界、改造世界的过程，在中国哲学中得到了集中的反映。其深闳的内容，明睿的智慧，在古代社会，和其他民族相比，都达到了极高的水平。中国哲学，在当时，无愧于自己的时代；在今天，是我们宝贵的文化遗产。随着人类社会的不断前进，随着对历史的深入剖析，中国哲学的内容和它的价值，将日益被更广大的人群所认识、所接受。

中华民族这个伟大的民族，有责任对世界文明做出更多的贡献。我们今天面临的任务，是要创造新的物质文明和新的精神文明，要完成这个历史任务，从中国古代哲学中寻求借鉴，提高广大人民的文化素养，是个必要的途径。

借鉴中国古代哲学，广大读者首先遇到的麻烦，是语言文字的障碍。本丛书的目的，就是为广大读者扫除这个障碍，使得更多的人能从中国古代的哲学著作中得到启迪，锤炼他们的智慧。

汲取前人的文化财富（包括哲学、文学、科学、艺术），都应该直接取自原作，这是不言而喻的道理。事实上，能做到这一点的，总是少数人。所以从古到今，都有一些人在从事翻译工作。有不同文字的互译，也有古籍今译。缺少这个工作，人类创造的精神产品，就不可能成为广大人民的财富。

古文今译，并不是现在才有的。司马迁撰写《史记》，曾把商周的文献典籍译成当时流行的语言，树立了成功的范例，使佶屈聱牙的古代文献，被后世更多的读者所理解。古希腊哲学为后世欧洲哲学的源头，今天的欧洲人（包括今天的雅典人）了解古希腊哲学，很少有人直接阅读古希腊文原著，人们多是通过各自民族的现代译文去了解古希腊哲学，这是学术发展的趋势和方向。

任何译作（古文今译，异国语文互译）都难做到毫不走样。但我们要求本丛书的译文除了对原文忠实外，还要尽力保持原著的神韵风格。这是我们争取的目标，并希望以此和广大读者共勉。

任继愈

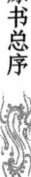

序

一　孟子和《孟子》

孟子，名轲，战国时代邹（今山东邹县）人。约生于公元前 372 年（周烈王四年），约死于公元前 289 年（周赧王二十六年）。一说他是子思学生的学生，一说他是子思的学生。子思是孔子之孙，子思的老师是孔门弟子曾参。

孟子是鲁国最有权势的三家大夫之一孟孙氏的后裔，幼年丧父，家境贫困。据说母亲为了教育他，曾三次搬家，以便为他创造一个较好的成长环境。他幼年贪玩，不知学习，母亲曾愤而割断了架在织机上的数百条经线，向他表明学习应该像织布一样，应持之以恒，不可半途而废。孟母择邻、断机以教子

的故事长期在民间流传。

孔子以后，诸侯国的兼并战争不仅没有停止，反而越来越大，越来越频繁，所以后人把这一段历史称为"战国"时代。经过长期的兼并战争，到孟子时代，只剩下齐、楚、燕、赵、韩、魏、秦七个大国和为数不多的一些小国。这七个大国之中，齐国已经不是周天子分封的、姜姓的齐国，而是田氏（也氏陈）的齐国。齐国大夫陈成子曾杀掉了齐简公，后来，他的孙子田和终于废掉了姜姓（吕氏）君主，自己做了诸侯，称齐威王。韩、赵、魏三国原本是晋国的三家大夫，他们一起瓜分了晋国，自立为诸侯，并且都自称为王。也就是说，孔子当时所大力反对的犯上作乱之事，到孟子时代已成为无法改变的既成事实。

在孟子时代，诸侯国内部弑父弑君、犯上作乱的事情不突出了，斗争主要在国与国之间进行，特别是在七个大国之间进行。《史记·孟轲列传》描述当时的情形说：

> 当是之时，秦用商鞅，楚、魏用吴起，齐用孙子、田忌。天下方务于合纵连衡，以攻伐为贤。

孟子反对通过战争手段去兼并其他国家，而主张治理好自己国家内部，使百姓们温饱富足，生活安宁，以吸引其他国家的人民，争取天下人的拥护，达到统一天下的目的。但是，他这一套主张，不仅当时的诸侯们难以接受，秦朝统一以后，两汉、魏晋、南北朝，直到隋唐时代，《孟子》仍然少人理会，这就是韩愈说的"孟子以后，道统失传"①。

唐朝后期，在佛教、道教心性论迅速发展的情况下，儒教急需建立自己的心性论体系，《孟子》一书得到韩愈等儒家学者的重视。宋代，对《孟子》的重视日益加深，朱熹将《孟子》和《论语》等书一起编为《四书》，成为儒者们必读的经典之一。随着《孟子》一书地位的提高，孔子、孟子所祖述的先王之道也逐渐被称为孔孟之道，成为中国近千年来封建国家的指导思想。唐朝贞观到开元年间，在建立孔庙配享、从祀制度时，郑玄、王弼等人都曾作为"先师"在孔庙享受祭祀，但没有孟子。到了宋代，孟子逐渐成为孔庙中的"四配"之一，和颜回等人并列，被称为亚圣，地位不仅高于汉唐诸儒，而且居于孔门其他弟子之上。

据《史记·孟轲列传》，孟子的学说因为不被诸侯们采纳，"退而与万章之徒序《诗》《书》，述仲尼之意，作《孟子》七篇"。后来韩愈认为，《孟子》一书不是孟轲自著，而是弟子们的追记。朱熹比较这两种说法之后，认为《史记》的说法比较接近真实。

迄今所知，最早为《孟子》作注的是东汉学者赵岐。宋代以后，朱熹的《孟子集注》成了《孟子》的标准读本。清代焦循的《孟子正义》汇集了清代学者研究《孟子》的最新

---

① 参阅韩愈《原道》。

成果。中华人民共和国成立以后，杨伯峻的《孟子译注》是最流行的《孟子》译本。本《全译》尽量吸收前人的研究成果，力求准确地传达《孟子》的意蕴，体现孟子英才勃发的雄辩风格，至于能否如愿，则非译者所敢知。

由于时势不同，孟子虽然祖述仲尼，但已不着重强调"克己复礼"，而是提出了王道、仁政学说，企图以此把"天下"从战乱之中拯救出来，建立一个富庶、安乐而有序的社会。围绕这个社会理想，孟子提出了一系列哲学和道德的命题。本文的叙述，将顺着孟子的思路，从王道、仁政讲起。

二　孟子的王道、仁政学说

在《孟子》一书中，王道、仁政、王政，是个同实异名的概念。王道的基本特征，就是在安排好民众物质生活的前提下，建立和谐的上下尊卑的等级秩序，使人们心悦诚服并乐于顺从。安排好民众物质生活的前提，是让人民都有稳定的财产。孟子说：

无恒产而有恒心者，惟士为能。若民，则无恒产，因

无恒心。苟无恒心,放辟邪侈,无不为已。(1·7)①

在孟子看来,士即使没有稳定的财产,也会有不变的操守。但一般民众如果没有稳定的财产,什么越礼犯法的事都做得出来。到这个时候,再用刑罚去对付他们,那就是愚弄民众:"及陷于罪,然后从而刑之,是罔民也。"(1·7)孟子认为,一个有仁德的君主是不能愚弄百姓的:"焉有仁人在位,罔民而可为也?"(1·7)所以,一个贤明的君主,必须对百姓们的财产做出适当的安排。

安排百姓们财产的标准是:

> 仰足以事父母,俯足以畜妻子,乐岁终身饱,凶年免于死亡。(1·7)

这是一个半温饱型的物质生活水平,也是孟子理想的社会状况。在这种理想的社会状况之下,人到五十岁,就可以穿上丝帛;到七十岁,就可以有肉吃。孟子认为,老年人可以穿帛吃肉,一般百姓不饥不寒,若是还不能使天下归服,成就王道,是没有的事。

在人们的物质生活达到这个状况之后,再督促他们向

---

① (1·7):即第一篇上第七章。2 为第一篇下,3 为第二篇上,以下类推。

善，他们就会比较容易服从：

> 然后驱而之善，故民之从之也轻。（1·7）

向善的内容，主要是孝悌：

> 谨庠序之教，申之以孝悌之义。（1·3）

庠、序，都是古代学校的名称。庠、序教人的内容，主要也是礼仪制度和做人的规范。

要保证民众有稳定的财产，最好的办法是实行井田制。

依孟子所说，从商代开始，就有了井田（井地）制。将六百三十亩土地画为井字形的九个区域，周围八户人家，每家七十亩。中间七十亩为公田，由八家共同耕种。周代每井九百亩，每家一百亩，中间百亩为公田。公田收入归国家所有，此外不再征税。其税率约为十分之一。

孟子认为，实行井田制，可使百姓们"死徙无出乡，乡田同井，出入相友，守望相助，疾病相扶持，则百姓亲睦"（5·3）。从而社会安定，天下太平。

井田制保证了民众的稳定财产，可使他们内心稳定。但井田制只是一个基础，要真正达到社会的和谐和秩序，国家还必须有适当的政策。

适当政策最重要的内容就是取民有度，"薄税敛"（1·5）。

税率以十分之一左右为适当。超过这个限度，达到十分之二，那就是桀纣的暴政；低于十分之一，比如实行二十分之一的税率，就是个野蛮的国度：

> 欲轻之于尧、舜之道者，大貉、小貉也。欲重之于尧、舜之道者，大桀、小桀也。(12·10)

貉①是北方偏远地区的小国。孟子认为，在那个国家，"无城郭、宫室、宗庙、祭祀之礼，无诸侯币帛饔飧，无百官有司"（12·10），所以二十取一也就够了。但在中原各国，却必须有这一套设施、礼仪和制度，因而必须有足够的财力来奉养君子，以保证人伦教化的进行：

> 今居中国，去人伦，无君子，如之何其可也？(12·10)

君子的任务是治理民众（野人），民众就必须奉养君子：

> 无君子，莫治野人；无野人，莫养君子。(5·3)

要养君子，十分之一的税率是最恰当的尧舜之制。

有了稳定的财产和恰当的税率，国家还要保证农民的耕作

---

① 貉：音 mò。

时间:"不违农时""勿失其时""勿夺其时"(1·3,1·7),即不在农忙的时间里征用民力。

保护农业生产的同时,还要保护其他资源:

> 数罟不入洿池,鱼鳖不可胜食也。斧斤以时入山林,材木不可胜用也。(1·3)

粮食充足,鱼鳖吃不完,木材用不完,百姓们的生活就有了保障,从而给实行王道奠定了物质基础:

> 谷与鱼鳖不可胜食,材木不可胜用,是使民养生丧死无憾也。养生丧死无憾,王道之始也。(1·3)

在其他方面,也应有相应的政策:
"市,廛而不征,法而不廛……关,讥而不征……"(3·5)廛,此处指地皮税。即对商人只收地皮税而不对货物征税,甚至只依法管理市场,连地皮税也不收。设立关卡,只盘查行人而不对商人征税。这样,旅行者都愿意走在这个国家的道路上,商人都愿意来到这个国家的市场上。正确的农业政策,会使天下的农民都愿意到这个国家的田地里来耕作。再加上"尊贤使能,俊杰在位"(3·5),天下的士人也都会高兴地做这个国家的官吏,为这个国家服务。这样,邻国的民众也会把这个国家看作是他们的父母之国,假如有人要让别国的民众来进攻这个国家，就好比让儿子进攻父母，是一定不会成功的。这就可以"无敌于天下"（3·5）。

要能实行这样的政策，前提是国君有良好的个人修养。

当时的魏国国王，即梁惠王，认为自己对于国事非常尽心，哪里有了饥荒，他就把别处的粮食调来，又把灾民送到未受灾地区。别国的君主，没有像自己这样尽心的。但别国的百姓还是不来投奔，这是为什么呢？孟子回答说，政策正确，百姓们就会不饥不寒。现在您既不能实行这些政策，有了饥荒又不开放自己的粮仓去救济百姓。自己的厨房里堆着肥肉，马棚里拴着骏马，自己的狗都吃着和人一样的食物，但百姓们却饿死在道路之上，这等于让兽类去吃人。和邻国的君主相比，实在是相差不远，要想让自己的百姓增多，是不可能的。

孟子经常用古代圣明君主的行为来教育当时的诸侯们。孟子说，上古的圣帝明王没有无节制的游乐。他们到各地巡视，那是勤劳于国事。发现诸侯们胡作非为的，就进行处罚；政绩优良的，就进行表彰。这样的巡游对百姓有好处，所以百姓们就拥护。周文王做国君，发布政令，首先考虑鳏、寡、孤、独这些无依无靠的人。他自己的园子，百姓可以进去打猎、打柴，所以百姓不仅不嫌他的园子大，反而觉得它小。他要修个台子，百姓们就踊跃参加。他要大家别着急，但大家很快就修好了。这样的君主，假如他要出猎游玩，欣赏音乐，百姓们知道了，都会欣喜地奔走相告，庆幸他的健康和心情愉快。所以周文王当政时，伯夷、姜太公都认为周国是个"善养老"的国度，因而都投奔了周国（参见 7·13）。孟子说，像伯夷、姜太公这样的人，是天下仰望的、德高望重的老人，他们投奔了周国，就是天下的父亲投奔了周国，周国能不称王天下吗？相反，另一类君主，他们无节制地玩乐，却置百姓死活于不顾。有了一个园子，不让百姓们进去。百姓打死里面一只野兽，和杀一个人同罪，这是在国内设置了一个陷阱。这样的君主，假如他要出猎游玩、欣赏音乐，百姓们知道了，就会皱起眉头互相议论说：我们的君主这样地喜欢游玩娱乐，可为什么让我们落到妻离子散的悲惨境地！这样的君主，要获得百姓的拥护是不可能的。

有一次，邹国和鲁国发生武装冲突，邹国的官吏死了三十三人，百姓们看着他们死也不援救。邹穆公问孟子，杀这些百姓呢，不可能把他们都杀掉。不杀呢，难道听任他们坐视官长死去而不援救吗？孟子回答说，灾荒年岁，百姓中年轻力壮的逃亡他乡，老弱的饿死荒郊，你的仓库里堆满了粮食，却不开仓救济，这些官吏们也不向您报告实情。现在百姓们的行为，是把官长对他们的态度又反过来用到了官长身上罢了（参见 2·12）。

燕国内乱，齐国趁机出兵占领了燕国，燕国的百姓也不加抵抗，所以齐军进展非常顺利。但是不久，燕国的百姓就纷纷起来反抗齐军，诸侯们也谋划着要进攻齐国，援救燕国。齐王害怕了，向孟子请教，孟子说，当初燕国百姓欢迎你们，是希望你们把他们从水深火热之中拯救出来。可你们到了燕国以后，抢劫人家的财宝，掳掠人家的子女，人家怎么能不反对你们！如果燕国百姓拥护你们，你们可以继续占领下去；现在不拥护你们了，你们还是赶快撤出为好（参见2·11）。

孟子认为，一个君主如果残害百姓，那就是独夫民贼，杀掉这样的君主，是不算弑君的（参见2·8）。因此，对于一个国家来讲，最重要的是百姓，其次是社稷，最不重要的是君主。人们按时祭祀社稷，但社稷神却不能使人们免除水旱灾害，就毁掉原来的社稷坛重新设置。如果君主不走正道，元老旧臣们就应该换掉这个君主，另立新君。这就是孟子的"民为贵，社稷次之，君为轻"（14·14）思想。

孟子反对当时的兼并战争，认为那些善于作战、能够为国家扩张领土的，应该受到刑罚最严厉的惩处。那些主张开垦土地，致力于提高土地产量的，也应受严厉惩处（参见7·14）。因为对于不行仁政的君主，这样做只是帮助了像桀纣一样的人，而使百姓去吃苦、送命（参见7·14，12·9）。

孟子认为，在战争中最重要的是团结一心，即"天时不如地利，地利不如人和"（4·1）。人和的前提是"得道"，所谓得道，就是行王道、仁政。假如实行了王道、仁政，国家"省刑罚，薄税敛"；百姓们努力生产，"深耕易耨"，并且懂得孝悌忠信，在家能好好事奉父兄，外出能好好事奉官长，这样，就可以用木棒战胜那坚固的甲胄和锋利的矛戟："可使制梃以挞秦、楚之坚甲利兵矣"（1·5）。

在孟子看来，当时诸侯国的君主们，没有一个不是喜欢争

战杀人的，也没有一个不是经常让自己的百姓饥寒交迫的。在这种情况下，只要实行王道、仁政，就一定能得到人民的拥护；也只有行王道、仁政，才能使天下统一和安定。

但是，王道、仁政是要君主来实行的；君主的王道、仁政是要加于人民的。那么，君主有没有实行王道、仁政的可能，而百姓又有没有接受王道、仁政的可能呢？孟子认为，有的。他认为"人皆可以为尧舜"（12·2），即每个君主都可以成为尧舜那样的君主，每个人都可以成为尧舜那样的人。因为每个人都有一颗本善的心，即"人皆有不忍人之心"（3·6）。

三 "人皆有不忍人之心"

孟子说：

> 人皆有不忍人之心。先王有不忍人之心，斯有不忍人之政矣。以不忍人之心，行不忍人之政，治天下可运之掌上。（3·6）

孟子论证道：人们突然看到小孩子要掉到井里，都会感到惊恐和怜悯，这不是为了要讨好小孩子的父母，也不是为了要乡邻和朋友们称赞，也不是因为不愿听小孩子那惊恐的哭叫，而是发自内心的情感。所以，孟子得出结论：

> 无恻隐之心，非人也；无羞恶之心，非人也；无辞让之心，非人也；无是非之心，非人也。(3·6)

这恻隐、羞恶、辞让、是非之心就是仁、义、礼、智的开端，孟子称为"四端"。孟子说，人心本有这四端，就像人体本有四肢一样。人若能扩充这四端，就会像火开始燃烧，泉开始流动，把四端变为仁义礼智的现实，从而不仅能治好一国，而且能保有天下：

> 苟能充之，足以保四海。(3·6)

实行仁政，就是扩大自己本有的"不忍人之心"的过程。
孟子见齐宣王，劝齐宣王"保民而王"。齐宣王问孟子如何知道自己可以做到这一点。孟子举出例子说，有一次，齐宣王看到一条牛要被拉去杀掉祭钟，牛战战兢兢，非常可怜，齐宣王不忍，就命令用一只羊来代替牛。孟子说，这就是不忍之心，用羊代牛，也不是因为吝惜，而是看见了牛而没有看见羊，因而这是本来具有的善心的表现。现在，这样的善心能用来对待禽兽，为什么就不能用来对待百姓呢？假如能用这样的善心来对待百姓，就一定可以行王道、仁政，无敌于天下。
齐宣王说，自己行不了王道、仁政，因为自己有毛病，喜

欢财富、喜欢女色等等。孟子说，这不要紧。过去周国的公刘喜欢财富，古公亶父喜欢美色，他们知道自己有这些爱好，就推想别人也爱好这些，于是就设法让百姓富有，让百姓都有配偶。这样一来，那些毛病不仅不是缺点，反而是实行王道、仁政的出发点。

孟子说，要做到这一点并不困难，只是把自己这本有的善心加以推广去对待百姓罢了。因为善心是自己本有的，加以推广只需自己决定即可，所以做起来非常容易，就像为长者捶一捶脊背。之所以没有实行王道、仁政，仅仅是自己不愿意这样做，不去推广那本有的不忍之心罢了。

推广这本善的不忍人之心，加上先王之道那必要的规范，就是仁政，就是王道。孟子说：

> 不以规矩，不能成方员。……不以六律，不能正五音。……今有仁心、仁闻而民不被其泽，不可法于后世者，不行先王之道也。(7·1)

朱熹《孟子集注》道："仁者，有仁心仁闻而能扩而充之，以行先王之道者也。"这就是说，仁者，不仅是要有仁心仁闻，而且还要能推行先王之道。或者说，不忍人之心加上推行先王之道，就是仁。

在《滕文公上》篇，孟子区别了忠、惠和仁：

> 分人以财谓之惠，教人以善谓之忠，为天下得人者谓之仁。（5·4）

朱熹《孟子集注》道："分人以财，小惠而已。教人以善，虽有爱民之实，然其所及亦有限而难久。唯若尧之得舜，舜之得禹、皋陶，乃所谓为天下得人者，而其恩惠广大，教化无穷矣，此其所以为仁也。"

孔子在回答樊迟问仁时，曾经说过仁是"爱人"。而"爱人"的具体内容，就是"举直错诸枉"。子夏对"举直错诸枉"的理解，就是为天下得人，即提拔皋陶、伊尹那样的仁人，罢免那些不仁的人（见《论语·颜渊》）。孟子对仁的理解，完全继承了孔子的思想。

因此，仁不单是一种内心的品德，而是必须表现于行先王之道的事业之上的品德。孔子时代，行先王之道的基本内容是"克己复礼"（《论语·颜渊》），所以孔子说"克己复礼为仁"。孟子时代，行先王之道的实际内容就是他说的王道、仁政。行王道、仁政，也就能使天下人向往和归附，所以孟子认为：

> 国君好仁，天下无敌。（7·7）

孟子继承了孔子的"君子之德风，小人之德草"的思想，认为君主行仁，对于整个国家具有决定性的影响：

君仁，莫不仁；君义，莫不义；君正，莫不正。一正君而国定矣。(7·20)

所以孟子认为：

天下之本在国，国之本在家，家之本在身。(7·5)

孟子的天下、国、家、身的思想，当是《礼记·大学》篇的思想源头。

仁的实际内容，就是事亲：

仁之实，事亲是也。(7·27)

在家事亲是孝，出外事君就是忠。忠与孝的标准，就是礼。所以，孟子对仁的理解，依然是孔子的"克己复礼"思想，是"克己复礼"思想在新的时代条件下的新的表现。

王道、仁政，就是仁义之政。所以孟子见梁惠王之始，就提出了"义利之辨"。所谓义利之辨，就是两种治国方针之辨。一种是以仁义治国，从制民之产，到建立孝悌忠信、上下尊卑、井然和谐的秩序；一种是以利治国，各人都追求自己的特殊利益。假若各人都追求自己的特殊利益，因而互相争夺，君主将失去自己的利益甚至王位。仁义的原则，维护的是国家的一般利益，各人将按自己的等级尊卑享受相应的份额,这正是孟子的政治理想和追求。

国内是如此,国与国之间也是如此。宋牼要用利害的原则去说服秦楚罢兵,孟子认为这是不行的。因为以利罢兵,就可以以利兴兵。况且大家都以利为目标,君臣、父子、兄弟之间必然相互争夺,要不走向灭亡是不可能的。所以孟子劝宋牼应以仁义原则去说服秦楚的国王,而不应讲什么有利无利。

依照孟子的设想,在王道、仁政的社会里,不仅上下秩序井然,而且社会也存在着分工。从分工来说,有农、有工、有商,他们相互交换,各尽自己的职责。从上下来说,有君子,有野人(农夫);有劳心的,有劳力的。劳心的君子负责治理国家,劳力的小人被君子治理,给君子们提供奉养。在孟子看来,这样一种秩序是合理的。所以他反对许行关于君子也必须耕种以谋取衣食的主张,认为那是"以夷变夏",使文明回到野蛮状态的倒退行为(参见5·4)。他的仁政学说,和许行的主张也不相容。

仁的始点,是人人都有的"不忍人之心",由人人都有"不忍人之心"出发,孟子得出结论说:人性本善。

四 "孟子道性善"

滕文公做世子时,到楚国去,经过宋国时会见了孟子。

"孟子道性善,言必称尧舜"(5·1)。孟子如何对滕文公道性善,没有留下什么文献材料。但是从孟子后来劝滕文公守丧三年、实行井田制等情况来看,是把性善做了实行王道、仁政的思想基础。所以滕文公归途中又见孟子,孟子说:"世子疑吾言乎?夫道一而已矣。"(5·1)"道",就是尧舜之道,尧舜之道必然能够推行,而不必有所怀疑,乃是因为人性本善。

孟子"道性善",其根据乃是人们已往的事迹:

孟子曰:"天下之言性也,则故而已矣。"(8·26)

朱熹注:"故者,其已然之迹。"也就是说,是人们以往行为的痕迹。性善,也就是根据这已然之迹归纳出来的。孟子接着说:"故者以利为本。"利,这里是顺应自然、因势利导的意思,所以朱熹注道:"利,犹顺也。"下文就是大禹治水如何因势利导的故事。孟子认为,像天那样的高,星辰那样的远,假如求他们的"故",千年以后的冬至时刻,也可以准确推算出来。那么,要求人的"故",自然可以知道人的本性。在孟子看来,这是一种可靠的方法。

依据这个方法,孟子得出的结论就是人性本善,并且用他的性善论和告子进行了反复的讨论。

告子说,人的本性,就像是木材;仁义,就像是杯盘。杯盘是木材做成的,但木材本身不是杯盘。说人性本善,说仁义是人的本性,就像说木材就是杯盘一样。依朱熹的注,则告子的这个议论，就是主张"性恶"说，即人性中本无仁义，仁义是对本性加工、改造的结果。孟子反驳说，不错，杯盘是对木材加工改造的结果，那么，是顺着材的本性来加工改造的呢，还是伤害木材的本性加工改造的呢？依照孟子的意思，仁义是人性中本来包含着的东西，就像木材包含着被做成杯盘的可能性一样。

告子又说，人的本性像湍急的流水，你在东边决口它就向东流，在西边决口它就向西流。本性无所谓善还是不善，就像水不一定是向东流还是向西流。孟子反驳道：水不一定向东还是向西，难道也不一定是向上还是向下吗？人的本性是善的，就像水的本性是向下一样。假如水不向下而是向上，那一定是人为地违反水的本性的结果。人如果作恶，自然也是违反了自己的本性。

告子又提出一个命题："生之谓性。"也就是说，有生命，能够知觉、运动，就是人的本性。孟子由此推出，牛、犬都是有生命、能够知觉运动的，难道人的本性和牛的本性、犬的本性都是一样的吗？

与"生之为性"相伴随的一个命题就是"食、色，性也"（11·4），即觅食、求偶乃是人的本性。这也是告子的命题，是把人的本能当成了人的本性。

公都子把告子的火性论归结为"性无善无不善"，同时也举出了另外两种意见，一种是"性可以为善，可以为不善"；另一种是"有性善，有性不善"（11·6）。

"性可以为善,可以为不善"是"性无善无不善"的伴行命题,所以朱熹注说它"即湍水之说"。这个命题的根据是"文武兴,则民好善;幽厉兴,则民好暴"(11·6),还有下文孟子提到的"富岁子弟多赖,凶岁子弟多暴"(11·7)。这些都是孟子所说的"故",即已然之迹。从这些"故"中,别人得出了和孟子不同的结论。

"有性善,有性不善"是个独立的命题,这个命题的根据是:"以尧为君而有象,以瞽瞍为父而有舜,以纣为兄之子且以为君,而有微子启、王子比干"(11·6),这也是"故"。其中的尧、舜、微子启、王子比干都是当时有定评的善人,象、瞽瞍、纣也是有定评的恶人。而且他们都有君臣、父子或叔侄的关系。在这种人性论看来,他们的善恶都是生来就具有的。

孟子的回答,首先坚持了性善论。孟子说:

> 乃若其情,则可以为善矣,乃所谓善也。若夫为不善,非才之罪也。(11·6)

也就是说,他们这些人,本来都是可以为善的,由此才得出了人性本善的结论。至于他们行为不善,那不是他们本质(才)的过错,他本来的材质都是善的。那么,后来为什么成了不善之人呢?孟子说:

恻隐之心，人皆有之；羞恶之心，人皆有之；恭敬之心，人皆有之；是非之心，人皆有之。

恻隐之心，仁也；羞恶之心，义也；恭敬之心，礼也；是非之心，智也。仁义礼智，非由外铄我也，我固有之也。（11·6）

孟子这里的论述显然是接着"不忍人之心"说的，而且说法和前面也稍有不同。在上文中，孟子由"不忍人之心，人皆有之"，导出了恻隐、羞恶之心人皆有之，这里略去了对"不忍人之心，人皆有之"的论证。最重要的进展，是把"四端"变成了仁义礼智本身。也就是说，本性固有的，不仅是仁义礼智的始端，而且是仁义礼智本身。但是，这固有的东西：

故曰："求则得之，舍则失之。"或相倍蓰而无算者，不能尽其才者也。（11·6）

这就是说，虽然是本性中固有的东西，也必须去追求。不追求，它们就会跑掉。人们之所以陷于恶行，就是因为不去追求，没有发扬自己那材质中固有的东西，而使它跑掉了，失去了它。

孟子论证说，"凡同类者，举相似也"（11·7）。比如麦子，若同时播种、同样管理、同样的土地，那么到成熟的时候

就都会成熟。假如收成不同，那是由于地的肥力、人的管理等外在条件所造成的，不是由于麦子的本性。

麦子有共同的本性，人也应该有共同的本性。比如人的脚都是相同的，所以即使不知道脚的大小去做鞋子，也决不会做成一个草筐。人的口，对味道有相同的感觉；人的耳，对声音有相同的感觉；人的目，对颜色有相同的感觉。那么，人的心，对事物为什么就不会有同样的感受呢？

> 至于心，独无所同然乎？（11·7）

这样，孟子从物进到了人，从人的生理现象相同进而论到人的心也应有同样的好恶。然后孟子得出结论说：

> 心之所同然者何也？谓理也，义也。圣人先得我心之所同然耳。故理义之悦我心，犹刍豢之悦我口。（11·7）

前面我们已经看到，从"故"出发，有人就得出了和孟子完全不同的结论。后来荀子还得出了完全相反的结论。在这里，孟子又从生理现象中导出心理现象，导出人性本善的结论。这里面的经验、教训，都是我们今天所应吸取的。

从《孟子》书中关于人性的讨论可以看出，人性问题在当时已成为普遍关心的问题，因为这个问题乃是政论和政见的基础问题。其他学派也都以各自的方式参加了这个讨论。比如

《庄子》，认为本性无论如何，都应该任其发展，而不应遭到伤害。比如马的毛是为了御风寒，马蹄是为了踏冰雪；高兴了，马儿们会用脖颈相互磨来蹭去；发怒了，就背转身相互踢打。这是马的本性。可是人们给它带上了笼头，用鞭子驱赶它去负重、拉车，这就是伤害了马的本性。在《庄子》看来，儒家的仁义，就是给人准备的笼头和鞭子，因而是伤害人的本性的。《庄子》对人性的见解，和《孟子》也是不同的。

对人性问题的讨论，反映了从春秋到战国时期中国哲学的发展，反映了中国古人思维的深化和提高。从孔子的"性相近"到孟子的"人性善"，是儒家在人性理论方面的深化和提高。这一深化和提高有得有失。这是一个理论方面的进步，然而由于这一进步，使它的结论远离了事实。

为了完善自己的"性善论"，孟子对导出了"性无善恶"或"有善有恶"的那一部分事实作出了自己的解释。

孟子说，人性本善，就像山上的树木本来茂盛一样。由于接近城市，天天被砍伐，树木逐渐就被砍光了。虽然如此，由于树根还在，雨露滋润，还是不断有新芽发出。但是人们又在这里放牧牛羊，有点芽蘖也被牛羊啃吃了。只剩下光秃秃的一片，于是人们就认为这山本来如此，本来没有茂盛的树木，那是不对的。

人有本善的仁义礼智之性，就像山上本有茂盛的树木一样。人们丢失了他本有的"良心"，就像树木遭到了砍伐。但是，心中固有的善心也还是时时在生长。清晨起来，还保持着夜里那平静的心情，他的好恶和别人还相差不远。但是白天的作用，使他夜里萌发出的那一点善心终于消失殆尽，终于变得和禽兽相差不远。人们见他和禽兽相差不远，于是就认为他本性不善，也是错误的（参见11·8）。

所以孟子得出结论说，关键是要养护这本善之性：

苟得其养，无物不长；苟失其养，无物不消。(11·8)

要养护，就必须专心致志。这就像下棋一样，只有专心致志，才能棋艺精湛。要养护，还必须明辨善恶，懂得选择。在生命和道义之间，应该舍生而取义；在富贵和道义之间，应该舍富贵而取道义。要先树立一个远大的、高尚的目标，那些小惠、小利就不能使人动摇。孟子认为，养护那善的本性，找回那放失的良心，就是学问之道：

学问之道无他，求其放心而已矣。(11·11)

和孔子一样，孟子所说的学问，也主要不是增长知识，而是培养高尚的道德情操，提高人的素质。

孟子本人，就是个善于养护本性，能够"求其放心"的人：

"敢问夫子恶乎长？"曰："我知言，我善养吾浩然之气。"(3·2)

孟子说，这浩然之气，"至大至刚"。假若只是养护而不加损害，它就会充满在天地之间。它和义与道相匹配："其为气也，配义与道；无是，馁也。"（3·2）没有义与道，它就衰竭，所以它是"集义所生"（3·2）。养护它，自然必须使自己的言行时时处处合乎道义，它才能不断生长，直到充满天地之间。

养气，是因为气与人的心志密切相关：

志壹则动气，气壹则动志也。（3·2）

所以，养气就是养心，养心就是养护那善良的本性。孟子善于养护自己的浩然之气，使他具有一颗不为外物所动的心："富贵不能淫，贫贱不能移，威武不能屈。"（6·2）即使自己做卿相，成就了王业，心也不为所动（参见3·2）。

秦汉以后，中国哲学对人性的讨论更加深入了。思想家们不再从"故"，即不再从"已然之迹"这些表面现象出发，去探讨人性的善恶，而是换了一条路子，从人的身体构成，即从构成人身体的质料中，去探讨人的本性。因为现实向人们表明，糖做的东西都是甜的，木质的器具都可以燃烧，自然，铁制品也都具有铁的本性。人的身体是由气聚合而成的，气有清浊，有阴阳，所以从董仲舒《春秋繁露》开始就主张人性有善有恶，而批评孟子的性善说。在一个长时期里，中国哲学，特别是儒学，相信性有三品，即有善的，有恶的，有善恶混杂或可善可恶的。直到宋代儒者提出了天理，认为构成人的本性的东西就是这个天理，孟子的性善说才又重新大放光芒，成为古代哲学人性论的定说。

人性论是政见的理论基础，孟子主张养心，养浩然之气，目的也在于治国和施政。因为那些错误的思想：

生于其心，害于其政；发于其政，害于其事。（3·2）

要搞好政事，就必须"求其放心"，养护那本善之性。

五 "天视自我民视……"

从周初提出"敬德保民"[①]思想以来，提高自己的德行就成为人们取悦上帝、鬼神的主要方式。这样的天人观在孟子这里又有了新的发展。

天，仍然是人事的最高主宰和人们敬畏的对象：

以大事小者，乐天者也。以小事大者，畏天者也。乐

---

① 参看《尚书·康诰》《尚书·召诰》等篇。

天者保天下，畏天者保其国。(2·3)

鲁平公想见孟子，但由于宠臣臧仓的阻拦，未能见成。孟子说，这是天意：

吾之不遇鲁侯，天也。臧氏之子，焉能使予不遇哉？(2·16)

由于上天崇尚的是德行，所以人的祸福就决定于人自身的行为：

祸福无不自己求之者。《诗》云："永言配命，自求多福。"《太甲》曰："天作孽，犹可违；自作孽，不可活。"(3·4)

《论语·尧曰》篇提出了"帝臣"的概念，朱熹注认为指天下的贤人，那么，贤明的君主和贤明的卿大夫，也都是"帝臣"。孟子则提出了和"帝臣"类似的观念"天吏"。孟子认为，行仁政者天下无敌，无敌于天下的就是"天吏"：

无敌于天下者，天吏也。(3·5)

齐国进攻燕国，孟子认为，只有像天吏那样的仁德之君才可以讨伐燕国：

> 为天吏，则可以伐之。（4·8）

如果不是天吏那样的仁德之君，不过是用一个暴君代替了另一个暴君罢了。

在谁该做天子这个最重大的问题上，决定权在天，而不是人：

> 万章曰："尧以天下与舜，有诸？"孟子曰："否。天子不能以天下与人。""然则舜有天下也，孰与之？"曰："天与之。"（9·5）

那么，"天与之"是一种什么情形呢？是"谆谆然命之乎"？孟子认为不是的。他接着孔子的"天何言哉"思想，认为天发布命令的方式不是"谆谆然命之"，而是"以行与事示之"：

> 天不言，以行与事示之而已矣。（9·5）

孟子说，天子可以把某人推荐给天（上帝），但不能让天把天下给这个人，就像诸侯可以把某人推荐给天子，但不能让天子任命谁为诸侯一样。当初，尧把舜推荐给了天，让舜主祭，百神歆享，这是天接受了舜；让舜治民，人民安宁，这是民接受了舜。尧死以后，舜守丧三年，然后避让尧之子，躲到了"南河之南"。但诸侯朝觐的不去见尧之子却来见舜；讼狱的不去找尧之子却来找舜；讴歌的不去讴歌尧之子而讴歌舜，这就是天意。在这种情况下，舜才登上了天子之位。孟子引用《尚书·泰誓篇》的话说：

天视自我民视，天听自我民听。(9·5)

孟子认为，这话的意思就是：天的意志表现于人民的意志之中，或者说，通过人民的意志表现出来。虽然在今天我们知道，并没有什么天或上帝的意志，但在孟子以及孟子时代的思想家的意识中，还不可能把人民的意志作为谁该做天子这样最重大事件的决定因素，而只能把人民的意志作为天意的表现。

同样，孟子认为，也不是大禹传贤不传子，而是天把天子之位给了大禹之子。其给与的方式，和当初给舜是一样的。在孟子看来，这中间的种种因素，比如人的贤与不贤、做相的时间长短，都是天意：

舜、禹、益，相去久远，其子之贤不肖，皆天也，非人之所能为也。(9·6)

孟子由此对天和命作出了自己的解释：

莫之为而为者，天也。莫之致而致者，命也。(9·6)

命，也就是天命。《孟子》书中所说的命，指的就是天命。

孟子说，普通人要想做天子，必须有两个条件：一是要有舜那样的德行，这一点孔子是具备的；二是必须由天子把他推荐给天，由于没人推荐孔子，孔子也就没能够做天子。

天崇尚德行，德行的内容，就是仁义礼智。仁义礼智在人的心里，它是人的本性。所以尽心、知性，也就知道了天意。

孟子曰："尽其心者，知其性也。知其性，则知天矣。"(13·1)

所谓"尽其心"，就是充分发挥了心中固有的善性。赵岐注道："性有仁义礼智之端，心以制之，惟心为正。人能尽极其心以思行善，则可谓知其性矣。知其性，则知天道之贵善者也。"天道，在这里是和天命、天意同实异名的概念。天道贵善，也就是天意贵善；天意贵善，那么事奉天的最好的方法，莫过于积德、行善、存心、养性：

存其心，养其性，所以事天也。(13·1)

儒者们修身、崇德，也就是事天，这是儒者积德的动力，也是儒者积德的目的。赵岐注说："天道无亲，唯仁是与。行与天合，故曰：'所以事天也。'"这是天与人的相合，也是天与人的相通之处。孟子认为，天对于人，最重要的工作是为人选择了君与师。他引用《尚书》道：

《书》曰："天降下民，作之君，作之师。惟曰其助上帝，宠之四方。"（2·3）

意思是说，天为自己"降"下的民众选择了君主和导师，给君主和导师的任务是：让他们协助上帝，治理好天下。就像天子任命诸侯，给诸侯的任务是治好一方百姓一样。

至于如何治理？那自然是君和师的责任。儒者们勤恳地研究治国之道，就是履行这天命之师的责任。孟子自己，就自觉地以师自任。孟子说："故将大有为之君，必有所不召之臣。"（4·2）遇有大事，就去请教。孟子举出商汤对于伊尹，齐桓公对于管仲，都是"学焉而后臣之"（4·2），所以分别成就了王、霸之业。他批评当时的诸侯，"好臣其所教，而不好臣其所受教"（4·2）。这样是不能成就王业、霸业的。齐王对他不礼貌，他就托病不见。

有一次，学生万章问他为什么不见诸侯，他说，那些君主们召见我，是为什么呢？万章说，因为你学识渊博，因为你贤能。孟子说："为其多闻也，天子不召师，而况诸侯乎？"

（10·7）所以他不能应召。在这里，他自觉地把自己放在天子、诸侯之师的位置之上。天子、诸侯尚且以他为师，他就更是天下其他人的导师，所以在会见齐宣王时，齐宣王说："姑舍汝所学而从我。"孟子说，这无"异于教玉人雕琢玉"（2·9），因为研究治国之道乃是他的专业。

从以往的历史中，孟子看到"五百年必有王者兴"（4·13）。由尧、舜到汤，五百多年；由汤到周文王，五百多年。从周文王到他，已经七百来年了。看当时的形势，正是该有王者兴起的时候。他认为，在他那个时代，要平治天下，上帝除了选择他之外再没有别人：

> 夫天未欲平治天下也，如欲平治天下，当今之世，舍我其谁也？（4·13）

大约是天果然"未欲平治天下"，所以没能给孟子创造出相应的机会。

六　士之出处

士人的出处，即出仕（出）还是不出仕（处），是古代社会的一个重要问题，也是孟子讨论的一个重要问题。

依孟子所说的周代"班爵禄"制度（参见 10·2）以及《周礼》等文献，士本是古代国家的一级官职，位于大夫之下。由于社会的变动，到孟子时代，士已成为四民（士、农、工、商）之一，是四民中的最上一层。

四民之中，农、工、商各有自己的职业，士不农、不工也不商，他们的职业，用孟子的话说，就是"尚志"（13·33）。"尚志"的内容，就是"居仁""由义"，随时准备出仕，为国家服务，从事国家管理。

孟子认为，士的出仕，就像农夫的耕种一样，是他们的职业。孔子曾经认为，不出仕是违背了君臣大伦（参见《论语·微子》第七章），孟子也因此批评杨朱的"为我"主张是"无君"（6·9），即无视君主的存在，不为国家服务。

孟子曾讲过孔子谋求出仕的情况：

《传》曰："孔子三月无君，则皇皇如也，出疆必载质。"（6·3）

质，即贽，拜见别人时所拿的礼物。依周礼，士相见，以及士拜见别人，必须带着礼物。士带的礼物，一般是一只野鸡（雉）。孟子说，士出疆载质，以谋求出仕，就像农夫离开家乡也丢不掉耜（农具）一样。

士人虽然谋求出仕，但必走出仕正道。就像人生来都愿有家室，但是不能不走正道一样。孟子说：

古之人未尝不欲仕也，又恶不由其道。（6·3）

所谓"由其道"的"道"，主要是：君主以礼相迎相待，并且实行自己的主张。不以礼相迎，就不去赴任。赴任后不以礼相待，就可以离开。赴任了，但意见不被采纳，主张不被实行，也要离开，不再干下去（参见12·14）。

士人出仕的原则是为了行道，但也可以因为家贫而出仕，这样的出仕仅是为了养家，所以不应做大官，不应贪图禄位。如果穷饿将死，可以接受君主的救济，因为君主有救济饥民的义务。

依孟子，伯夷是"非其君不事"，"不立于恶人之朝"；柳下惠是"不羞污君，不卑小官"（3·9）。在孟子看来，伯夷狭隘，柳下惠玩世不恭，他自己是不愿意这样做的。

在古代的圣贤之中，孟子最推崇的是孔子，他援引孔门弟子宰我的话说，孔子"贤于尧、舜远矣"，认为"自生民以来，未有盛于孔子也"（3·2）。他推崇孔子，也推崇孔子对出仕的态度。孔子的态度是：

可以仕则仕，可以止则止，可以久则久，可以速则速。（3·2）

他认为孔子的态度是最正确的态度，也是他自己学习的榜样。

孟子多次表示对那种为谋求富贵而谄媚乞怜的人的鄙视态度。他援引曾子的话说:"胁肩谄笑,病于夏畦。"(6·7)他借齐人有一妻一妾的故事,讽刺那些背后摇尾乞怜,人前却以富贵骄人的丑恶嘴脸。

孔子主张君君、臣臣,也主张"君使臣以礼"(《论语·八佾》第十九章)。孟子继续孔子的思想,认为君主若对臣子无礼,臣子就可以把君主视为寇仇:

> 君之视臣如手足,则臣视君如腹心。君之视臣如犬马,则臣视君如国人。君之视臣如土芥,则臣视君如寇雠。(8·3)

孟子的态度,反映了当时士人相对独立的社会地位。秦汉统一以后,由于中央政权的强大,全国只有一个君主,士人没有选择君主的机会,就丧失了这种相对独立的地位,同时也丧失了孟子敢于视君如国人、如寇雠的勇气。

孟子从历史的事实中看到,凡是接受天赋使命,创造了辉煌业绩的人,都有一段艰苦奋斗的过程:

> 孟子曰:"舜发于畎亩之中,傅说举于版筑之间……管夷吾举于士……百里奚举于市。故天将降大任于是人也,必先苦其心志,劳其筋骨,饿其体肤,空乏其身,行拂乱其所为,所以动心忍性,曾益其所不能。"(12·15)

这是他的结论，也是他的自道、自况。作为一个士人，他认真地修养着自己。他认为个人的修养应循序渐进，不可拔苗助长（参见3·2），认为修养应经常进行，不可间断（参见14·21），认为"寡欲"是养心的基本要求（参见14·35）。他自己除了认真履行这些原则之外，还扩充着那固有的是非之心，履行着卫道的任务。

据孟子说，当时的情况是："天下之言，不归杨，则归墨。"（6·9）杨朱主张"为我"，他认为是"无君"；墨翟主张"兼爱"，他认为是"无父"，即无视自己父亲的存在，把父亲看得和别人一个样，而孟子认为无父无君，乃是禽兽的行为："无父无君，是禽兽也。"（6·9）因为这样违背了礼制，违背了君臣父子这人之大伦，和儒者的仁是根本不同的。儒者的仁，分三个层次：对于物，"爱之而弗仁"，对于民，是"仁之而弗亲"，其原则是：

亲亲而仁民，仁民而爱物。（13·45）

在孟子看来，杨墨之道，不仅和孔子之道根本对立，并且是对孔子之道的极大危害，所以"杨墨之道不息，孔子之道不著"（6·9）。杨墨之道流行，就会妨碍仁义之道的贯彻。仁义之道不能贯彻，也就是不能行王道、仁政。所谓"作于其心，害于其事；作于其事，害于其政"（6·9）。王道、仁政不能贯彻,那厩有肥马、野有饿莩的事就要发生,这就等于让兽去吃人:"仁义充塞,则率兽食人,人将相食。"(6·9)他认为杨墨之道的危害,就像是洪水猛兽。而他抨击杨墨之道,和大禹治水、周公驱猛兽具有同样重要的意义。他觉得只有这样,才是圣人之徒:

能言距杨墨者,圣人之徒也。(6·9)

他坚信自己的主张是绝对正确的:"圣人复起,不易吾言也。"(6·9)

孟子对杨墨之道的态度成为后世儒者对待其他学说的一个榜样,一些儒者,坚决抨击佛、道二教,以捍卫孔子之道的纯洁和尊严。这些斗争,常常构成思想史上最精彩的画面。

时至今日,历史的河流已转过了一个巨大的弯道,往日的孔孟、杨墨之争,儒、佛、道三教之争都已成了历史。无论是儒是墨,人们也都不会担心他们会造成"率兽食人"的后果,因而可以平心静气地去理解他们,去研究他们,并希望借助前人的智慧和思想劳作,启迪我们去建设中华民族的新文化。

中华民族新文化,是中国文化的一个新阶段,因此,中国传统文化,乃是中华民族新文化的前驱和先导。对那些为中国传统文化作出过重要贡献的思想家,我们都报以深切而崇高的敬意,无论是对孟子,还是对墨子。

目 录

序 …………………………………………………… (1)

第一篇（上）梁惠王（上）………………………… (1)

第一篇（下）梁惠王（下）………………………… (21)

第二篇（上）公孙丑（上）………………………… (49)

第二篇（下）公孙丑（下）………………………… (71)

第三篇（上）滕文公（上）………………………… (94)

第三篇（下）滕文公（下）………………………… (113)

第四篇（上）离娄（上）…………………………… (136)

第四篇（下）离娄（下）…………………………… (171)

第五篇（上）万章（上）…………………………… (208)

第五篇（下）万章（下）……………………（231）

第六篇（上）告子（上）……………………（252）

第六篇（下）告子（下）……………………（283）

第七篇（上）尽心（上）……………………（310）

第七篇（下）尽心（下）……………………（358）

主要参考注译书目 ………………………（400）

第一篇（上） 梁惠王（上）

共七章

【解题】

本篇以"孟子见梁惠王"开始，所以用"梁惠王"作了篇名。梁惠王即魏惠王，因魏当时定都大梁（今河南开封），所以魏又称梁。本篇内容为孟子向梁惠王、梁襄王、齐宣王、滕文公、邹穆公、鲁平公等数位诸侯国君论述的治国原则。在这些原则中，以"言义不言利"以及"仁政"原则最为著名，对后世产生了深远影响。

孟子援引《尚书》说："天降下民，作之君，作之师，唯曰其助上帝，宠之四方。"这就是说，君和师（大臣），乃是天（上帝）任命的。上帝委任君和师，交给他们的任务，是辅助上帝，管理好"天降"的下民。因此，儒者们重人事，研究治国原则，乃是执行上帝所交给的任务。这一点，近代以来很少引起人们的注意。

第一章

【解义】

本章孟子向梁惠王阐述"言义不言利"的治国原则。

【原 文】

1.1 孟子见梁惠王。王曰:"叟,不远千里而来,亦将有以利吾国乎?"

孟子对曰:"王何必曰利?亦有仁义而已矣。王曰:'何以利吾国?'大夫曰:'何以利吾家?'士庶人曰:'何以利吾身?'上下交征利,而国危矣!万乘之国,弑其君者必千乘之家;千乘之国,弑其君者必百乘之家。万取千焉,千取百焉,不为不多矣。苟为后义而先利,不夺不餍。未有仁而遗其亲者也,未有义而后其君者也。王亦曰仁义而已矣,何必曰利?"

【译 文】

孟子会见梁惠王。惠王说:"老先生!不远千里而来,将怎样有利于我的国呢？"

孟子回答道："大王何必说什么'利'，只有个仁义罢了。大王说：'怎样有利于我的国？'大夫说：'怎样有利于我的家①？'老百姓说：'怎样有利于我的身？'上下竞相追求利，国家就危险了。万乘②之国，杀它君主的定是千乘之家；千乘之国，杀它君主的定是百乘之家。万中拥有一千，千中拥有一百，不算少了。假若把仁义置于脑后而把利益放到前头，不夺到全部就不会满足。没有讲仁而抛弃父母的，没有讲义而不先想到君主的。大王只需说仁义就行了，何必说什么利？"

第二章

【解 义】

本章孟子向梁惠王论述君主应与民同乐。

【原 文】

1.2　孟子见梁惠王。梁王立于沼上，顾鸿雁麋

---

① 家：大夫的领地。
② 万乘：一万辆兵车。千乘即一千辆兵车。

鹿，曰："贤者亦乐此乎？"

孟子对曰："贤者而后乐此，不贤者虽有此，不乐也。《诗》云：'经始灵台，经之营之。庶民攻之，不日成之。经始勿亟，庶民子来。王在灵囿，麀鹿攸伏。麀鹿濯濯，白鸟鹤鹤。王在灵沼，于牣鱼跃。'文王以民力为台为沼，而民欢乐之，谓其台曰灵台，谓其沼曰灵沼，乐其有麋鹿鱼鳖。古之人与民偕乐，故能乐也。《汤誓》曰：'时日害丧？予及汝偕亡！'民欲与之偕亡，虽有台池鸟兽，岂能独乐哉？"

【译文】

孟子会见梁惠王。梁惠王站在池塘边，望着大雁、麋鹿，说："贤人也有这种快乐吗？"

孟子回答道："只有贤者才能以此为乐，不贤者虽有这些，却不能快乐。《诗经·大雅·灵台》篇说：'开始修筑灵台，又是量度又是谋划。百姓们努力工作，不到一天就完成了它。文王说大家不要着急，百姓们却更加努力。文王走到鹿苑之中，母鹿们都安安静静。母鹿们肥胖壮实，鸟儿们羽毛洁白。文王走到池塘边上，满池的鱼儿欢喜跃浪。'文王用民力修高台池沼，老百姓却高高兴兴，把台叫作做灵台，把池沼叫作做灵沼，喜欢那里有许多鸟兽鱼鳖。古人能与民同乐，所以能够快乐。《尚书·汤誓》道：'这个太阳何时沦丧？我宁愿与你一同灭亡!'① 老百姓要和他一起灭亡,即使有高台大池、虫鱼鸟兽,他还能独自快乐吗?"

第三章

【解 义】

本章孟子向梁惠王论述应实行王道,使百姓们丰衣足食。

【原 文】

1.3　梁惠王曰:"寡人之于国也,尽心焉耳矣。河内凶,则移其民于河东,移其粟于河内。河东凶亦然。察邻国之政,无如寡人之用心者。邻国之民不加少,寡人之民不加多,何也?"

孟子对曰:"王好战,请以战喻。填然鼓之,兵刃既接,弃甲曳兵而走,或百步而后止,或五十步而后止。以五十步笑百步,则何如?"曰:"不可。直不百步

---

① 这是夏代末年人民对夏桀的诅咒。夏桀把自己比作太阳。参阅朱熹《四书集注》。

耳,是亦走也。"曰:"王如知此,则无望民之多于邻国也。不违农时,谷不可胜食也。数罟不入洿池,鱼鳖不可胜食也。斧斤以时入山林,材木不可胜用也。谷与鱼鳖不可胜食,材木不可胜用,是使民养生丧死无憾也。养生丧死无憾,王道之始也。五亩之宅,树之以桑,五十者可以衣帛矣。鸡豚狗彘之畜,无失其时,七十者可以食肉矣。百亩之田,勿夺其时,数口之家可以无饥矣。谨庠序之教,申之以孝悌之义,颁白者不负戴于道路矣。七十者衣帛食肉,黎民不饥不寒,然而不王者,未之有也。狗彘食人食而不知检,涂有饿莩而不知发;人死,则曰:'非我也,岁也。'是何异于刺人而杀之,曰:'非我也,兵也。'王无罪岁,斯天下之民至焉。"

【译文】

梁惠王说:"寡人我对于国家,真是尽心尽力的啊。河内饥荒,我把百姓迁到河东①,把粮食调到河内。河东饥荒,我也这样办。看看邻国的政治,没有像我这样用心的。邻国的百姓不减少,我的百姓不增多,这是为什么呢?"

孟子回答道:"大王喜好战争,就用作战来比喻。战鼓咚咚响,白刃相接,失败者弃甲拖枪而逃,有的跑了一百步才停

---

① 河:指黄河。河东,泛指山西省。此处指属于魏国的山西安邑一带。河内,指黄河北岸今河南省济源县一带。

住,有的跑了五十步就停住。以五十步嘲笑一百步,怎么样呢?"惠王答:"不可以的。只是没跑够一百步罢了,同样也是逃跑。"孟子继续说:"大王知道这个,就不要指望百姓会多于邻国了。不违背农时,粮食就会多得吃不完。不用小眼网入水,鱼鳖就会多得吃不完。时令到了才砍伐山林,木材就会多得用不完。粮食、鱼鳖多得吃不完,木材多得用不完,这就使百姓养生送死不留什么遗憾。养生送死不留遗憾,就是王道的开始。五亩大的宅院,种上桑树,五十岁的人就可以穿帛了。鸡狗猪羊这些家畜,能及时得到照顾,七十岁的人就可以吃肉了。一百亩的耕地,能按时得到耕种,数口之家就可以免于饥饿了。认真办好学校教育,反复宣讲那孝悌的道理,白发老人就不会背着、扛着在道路上辛苦奔波了。七十岁能穿帛吃肉,老百姓不饥不寒,假如这样还不能称王天下,是不会有的事情。让猪狗吃得比百姓还好而不加制止,路上出现了饿死的尸体还不去救济;人死了,却说:'与我无关,是收成不好',这和那用枪刺杀了人,却说:'与我无关,是枪刺的',有什么区别呢?大王不去怪罪年成,天下的百姓就会来投奔您了。"

第四章

【解 义】

本章孟子向梁惠王论述,政策不好,等于用刀杀人。

【原 文】

1.4 梁惠王曰:"寡人愿安承教。"孟子对曰:"杀人以梃与刃,有以异乎?"曰:"无以异也。""以刃与政,有以异乎?"曰:"无以异也。"曰:"庖有肥肉,厩有肥马,民有饥色,野有饿莩,此率兽而食人也。兽相食,且人恶之,为民父母,行政不免于率兽而食人,恶在其为民父母也?仲尼曰:'始作俑者,其无后乎?'为其象人而用之也。如之何其使斯民饥而死也!"

【译 文】

梁惠王说:"寡人我愿意平心静气听您的教导。"孟子回答道:"杀人用棍子和用刀,有区别吗?"梁惠王答:"没有区别。""用刀和用政策,有区别吗?"梁惠王答:"没有区别。"

孟子继续说："自己厨房里堆满了肥肉，马棚里拴着膘肥体壮的骏马，百姓们却面黄肌瘦，田野里躺着饿死的尸体，这等于率领禽兽去吃人。禽兽们互相吃，还使人讨厌，作为百姓的父母，实行的政策却弄到让禽兽去吃人的地步，这还叫什么百姓的父母？孔子说：'率先作人偶殉葬的人，会断子绝孙吧？'因为那些人偶像人却用来殉葬。人偶殉葬都不行，又怎么能够让百姓们饥饿而死呢！"

第五章

【解 义】

本章孟子向梁惠王论述，假若实行仁政，就可以无敌于天下。

【原 文】

1.5　梁惠王曰："晋国，天下莫强焉，叟之所知也。及寡人之身，东败于齐，长子死焉；西丧地于秦七百里；南辱于楚。寡人耻之，愿比死者壹洒之，如之何则可？"

孟子对曰："地方百里而可以王。王如施仁政于民，省刑罚，薄税敛，深耕易耨，壮者以暇日修其孝悌忠信，入以事其父兄，出以事其长上，可使制梃以挞秦、楚之坚甲利兵矣。彼夺其民时，使不得耕耨以养其父母，父母冻饿，兄弟妻子离散。彼陷溺其民，王往而征之，夫谁与王敌？故曰：'仁者无敌。'王请勿疑。"

【译 文】

梁惠王说："晋国，是天下最强的了，这您老先生是知道的。到我这一代，东边败给齐国，我的长子战死；西边被秦国占去七百里土地；南边楚国又让我遭到奇耻大辱。寡人我感到羞耻，希望为死者报仇雪恨，怎么办才好呢？"

孟子回答道："有百里见方的土地就可以称王天下。大王如能对百姓实行仁政，减轻刑罚，减少税收，深耕细作，让身强力壮的人在空闲时间讲求孝悌忠信，在家以孝悌侍奉父母兄长，在外用忠信对待君主官长，这样就可以让他们用木棒去战胜秦国、楚国那坚固的盔甲和锋利的兵刃了。敌国剥夺了他们百姓的生产时间，使百姓不能耕作来养活自己的父母，父母挨冻受饿，兄弟妻儿离散。敌国把他们的百姓推向深渊，大王去征讨他们，还有谁敢于抵抗？所以说：'仁者无敌。'大王请不必怀疑。"

第六章

【解 义】

本章孟子向梁襄王论述,天下只有统一才能安定,只有不喜欢杀人的人才能实现天下的统一。

【原 文】

1.6 孟子见梁襄王。出,语人曰:"望之不似人君,就之而不见所畏焉。卒然问曰:'天下恶乎定?'吾对曰:'定于一。''孰能一之?'对曰:'不嗜杀人者能一之。''孰能与之?'对曰:'天下莫不与也。王知夫苗乎?七八月之间旱,则苗槁矣。天油然作云,沛然下雨,则苗浡然兴之矣。其如是,孰能御之?今夫天下之人牧,未有不嗜杀人者也。如有不嗜杀人者,则天下之民皆引领而望之矣!诚如是也,民归之,由水之就下,沛然谁能御之?'"

【译 文】

孟子会见梁襄王。出来对人说:"看上去不像个君主,走近了也看不到有什么威严,突然问我:'天下怎样才能安定?'我回答说:'安定于统一。''谁能统一?'我回答:'不喜好杀人的能统一。''什么人将协助他?'我回答:'天下没有不协助他的。大王知道那些禾苗吗?七八月之间天旱,苗就干枯了。忽然浓云密布,大雨滂沱,禾苗就立即生机蓬勃。像这个样子,谁还能抵挡住他?当今天下的君主,没有不喜好杀人的。如有个不喜好杀人的,天下百姓就都会伸长脖子巴望他到来!假如真能这样,百姓们归附他,就会像水往低处流,汹涌澎湃谁能阻挡?'"

第七章

【解 义】

本章孟子规劝齐宣王实行仁政,将自己的仁爱之心加以推广,使百姓们都有自己稳定的财产和收入,这样就可以做天下的王。

【原 文】

1.7 齐宣王问曰:"齐桓、晋文之事,可得闻乎?"

孟子对曰:"仲尼之徒,无道桓、文之事者,是以后世无传焉,臣未之闻也。无以,则王乎?"曰:"德何如,则可以王矣?"曰:"保民而王,莫之能御也。"曰:"若寡人者,可以保民乎哉?"曰:"可。"曰:"何由知吾可也?"曰:"臣闻之胡龁曰,王坐于堂上,有牵牛而过堂下者,王见之,曰:'牛何之?'对曰:'将以衅钟。'王曰:'舍之!吾不忍其觳觫,若无罪而就死地。'对曰:'然则废衅钟与?'曰:'何可废也?以羊易之。'不识有诸?"曰:"有之。"曰:"是心足以王矣。百姓皆以王为爱也,臣固知王之不忍也。"王曰:"然,诚有百姓者。齐国虽褊小,吾何爱一牛?即不忍其觳觫,若无罪而就死地,故以羊易之也。"曰:"王无异于百姓之以王为爱也,以小易大,彼恶知之?王若隐其无罪而就死地,则牛羊何择焉?"王笑曰:"是诚何心哉?我非爱其财而易之以羊也。宜乎百姓之谓我爱也。"曰:"无伤也。是乃仁术也,见牛未见羊也。君子之于禽兽也,见其生,不忍见其死;闻其声,不忍食其肉。是以君子远庖厨也。"

王说,曰:"《诗》云:'他人有心,予忖度之。'夫子之谓也。夫我乃行之,反而求之,不得吾心。夫子言之,于我心有戚戚焉。此心之所以合于王者,何也?"曰:"有复于王者,曰:'吾力足以举百钧,而不足以举一羽；明足以察秋毫之末，而不见舆薪。'则王许之乎？"曰："否。""今恩足以及禽兽，而功不至于百姓者，独何与？然则一羽之不举，为不用力焉；舆薪之不见，为不用明焉；百姓之不见保，为不用恩焉。故王之不王，不为也，非不能也。"曰："不为者与不能者之形何以异？"曰："挟太山以超北海，语人曰：'我不能。'是诚不能也。为长者折枝，语人曰：'我不能。'是不为也，非不能也。故王之不王，非挟太山以超北海之类也；王之不王，是折枝之类也。老吾老，以及人之老；幼吾幼，以及人之幼。天下可运于掌。《诗》云：'刑于寡妻，至于兄弟，以御于家邦。'言举斯心加诸彼而已。故推恩足以保四海，不推恩无以保妻子。古之人所以大过人者无他焉，善推其所为而已矣。今恩足以及禽兽，而功不至于百姓者，独何与？权，然后知轻重；度，然后知长短。物皆然，心为甚。王请度之。抑王兴甲兵、危士臣，构怨于诸侯，然后快于心与？"王曰："否。吾何快于是？将以求吾所大欲也。"曰："王之所大欲，可得闻与？"王笑而不言。曰："为肥甘不足于口与？轻暖不足于体与？抑为采色不足视于目与？声音不足听于耳与？使嬖不足使令于前与？王之诸臣，皆足以供之，而王岂为是哉？"曰："否。吾不为是也。"曰："然则王之所大欲可知已。欲辟土地，朝秦楚，莅中国而抚四夷也。以若所为，求若所欲，犹缘木而求鱼也。"王曰："若是其甚与？"曰："殆有其焉。缘木求鱼，虽不得鱼，无后灾。以若所为，求若所欲，尽心力而为之，后必有灾。"曰："可得闻与？"曰："邹人与楚人战，则王以为孰胜？"曰："楚人胜。"曰："然则小固不可以敌大，寡固不可以敌众，弱固不可以敌强。海内之地，方千里者九，齐集有其一。以一服八，何以异于邹敌楚哉？盖亦反其本矣。今王发政施仁，使天下仕者皆欲立于王之朝，耕者皆欲耕于王之野，商贾皆欲藏于王之市，行旅皆欲出于王之涂，天下之欲疾其君者皆欲赴愬于王，其若是，孰能御之？"

王曰："吾惛，不能进于是矣。愿夫子辅吾志，明以教我。我虽不敏，请尝试之。"曰："无恒产而有恒心者，惟士为能。若民，则无恒产，因无恒心。苟无恒心，放辟邪侈，无不为已。及陷于罪，然后从而刑之，是罔民也。焉有仁人在位，罔民而可为也？是故明君制民之产，必使仰足以事父母，俯足以畜妻子，乐岁终身饱，凶年免于死亡。然后驱而之善，故民之从之也轻。今也制民之产，仰不足以事父母，俯不足以畜妻子，乐岁终身苦，凶年不免于死亡。此惟救死而恐不赡，奚暇治礼义哉？王欲行之，则盍反其本矣。五亩之宅，树之以桑，五十者可以衣帛矣。鸡豚狗彘之畜，无失其时，七十者可以食肉矣。百亩之田，勿夺其时，八口之家可以无饥矣。谨庠序之教，申之以孝悌之义，颁白者不负戴于道路矣。老者衣帛食肉，黎民不饥不寒，然而不王者，未之有也。"

【译文】

齐宣王问道："齐桓公、晋文公的事，可以让我听听吗？"

孟子回答说："孔门弟子，没有研究齐桓公、晋文公之事的，所以他们的事迹也没有流传下来，我也没有听到过。如果一定要我说点什么，那么就说说王道吧？"问："什么样的德行，才可以称王天下呢？"答："爱护百姓而称王天下，就没人能够抵挡。"问："像我这样，可以做到爱护百姓吗？"答："可以。"问："根据什么知道我可以？"答："我听胡龁说，大王您坐在堂上，有人牵牛从堂下经过，大王看到了，问：'牵牛干什么去？'那人回答：'准备杀了祭钟①。'您说：'放了它！我不忍心看它颤抖，没有罪却要去死。'那人回答：'那么不祭钟了吗？'您说：'怎能不祭钟呢？用羊代替它。'不知有没有这件事？"宣王说："有的。"孟子说："这样的心就足以称王天下了。百姓们都认为大王是吝惜，我却深知大王是不忍心。"宣王说："是的，是有百姓这样认为。齐国虽然狭

---

① 祭钟：原文作"衅钟"。王夫之《孟子稗疏》："衅，祭名，血祭也。凡落成之祭曰衅。"

小，我何至于舍不得一头牛？就是不忍心看它颤抖，没有罪却要去死，所以用羊代替它。"孟子说："大王不必奇怪百姓们认为您是吝惜，以小换大，他们怎知内情？大王若是可怜它无罪去死，牛与羊又有什么区别呢？"宣王笑道："这到底是怎么个想法呢？我不是吝惜那点财产而用羊去替换。也怪不得百姓们认为我是舍不得。"孟子说："没有什么。这也是一种仁爱，看见了牛没有看见羊啊！君子对于禽兽，看见它活着，就不忍心看到它去死；听到它死前哀鸣，就不忍心吃它的肉。所以君子要远离厨房。"

齐宣王高兴了，说："《诗经·巧言》上说：'别人的心思，我猜度之。'说的就是先生您啊！我做了这件事，回过头来进行思索，弄不清我自己的心。先生您真说到我心里去了，我的心觉得有所触动。这样的心合于王道，是什么道理呢？"孟子说："假如有人对大王说：'我的力量足以举起百钧①，却举不起一根羽毛；我的眼力能看清秋毫的末端②，却看不见整车的木柴。'大王您相信吗？"答："不相信。""现在大王的恩惠足以施与禽兽，而功德却到不了百姓那里，到底是什么原因呢？看来，举不起一根羽毛，是不用力啊；看不见整车的木柴，是不去看啊；百姓们得不到爱护，是（君主）不施恩惠啊。所以大王您不行王道，是不去做啊，不是做不到

---

① 钧：一钧等于三十斤。
② 朱熹《四书集注》："毛至秋而末锐，小而难见也。"

啊!"宣王说:"不去做和做不到,表现有什么不同?"孟子说:"用胳膊夹着泰山跳过北海,对人说:'我做不到。'是真做不到。为长者捶捶脊背,对人说:'我做不到。'是不去做,不是做不到。所以大王不行王道,不是用胳膊夹着泰山跳过北海之类,大王不行王道,是为长者捶背之类。尊敬自家老人,推广到尊敬别家老人;爱自己的孩子,推广到爱别人的孩子。统治天下就会像拨弄掌中之物。《诗经·思齐》上说:'为妻子作出榜样,推广到自己的兄弟,再推广到整个国家。'说的是用这颗不忍之心去对待他们罢了。所以说,恩惠推广就足以保有整个天下,恩惠不推广就无法保全自己的妻子儿女。古人之所以远远超过我们没有其他原因,善于推广自己的所作所为罢了。现在恩惠足以施与禽兽,功德却达不到百姓那里,到底什么原因呢?称一称,就会知道轻重;量一量,就会知道长短。物都是如此,心就更是这样。大王您衡量衡量。是不是大王您一定要把军队开到前线,让将士大臣冒生命危险,和诸侯们结下怨仇,然后心里才感到舒服呢?"宣王回答:"不。我哪能对这样的事感到舒服?我要实现一个很大的愿望。"孟子说:"大王的大愿望,可让我听听吗?"宣王笑而不说。孟子继续说:"是因为香的甜的不够吃呢?轻的暖的不够穿呢?还是因为五颜六色不够您看的?美妙的音乐不够您听的?贴身的侍从不够您使唤呢?这些东西,您的臣子们都足以供给,难道大王您是为这个吗?"宣王答:"不,我不为这些。"孟子说:"那么您的大愿望就可以知道了。想扩张领土，征服秦、楚，君临中原并使四夷①归服。以您的所作所为，要实现您的愿望，就像爬到树上捉鱼一样。"宣王说："有这么严重吗？"孟子说："恐怕还要严重。爬上树捉鱼，虽然捉不到鱼，以后也不会招来灾祸。以您的所作所为，要实现您的愿望，竭尽全力去做，以后必有灾祸。"宣王说："可以让我听听其中的道理吗？"孟子说："邹国和楚国作战，大王认为谁能取胜？"宣王答："楚国胜。"孟子说："看来小国就是不敌大国，寡少就是不敌众多，弱小就是不敌强大。天下的土地，千里见方的有九块，齐国统共才占一块。以一战八，和邹国与楚国为敌有什么区别？应该回到根本上。现在大王发布政令广施仁爱，让天下士人都想立于大王的朝堂，农夫都想耕于大王的田野，商人都想安身在大王的市场之内，旅客都想走在大王的道路之上，天下仇恨他们君主的都想找大王您来诉说，假如能够这样，还有谁能够抵挡？"

宣王说："我糊涂，不能深入这些道理。还请先生帮助我，给我以明白的教导。我虽然不机敏，但可以尝试着去做。"孟子说："没有稳定的财产而有稳定之心的，只有士人能做到。至于普通百姓，没有稳定的财产，就没有稳定的心。假如没有稳定的心，就邪门歪道无所不为。等到构成罪行，然后再用刑罚，这是愚弄百姓。哪有仁人当政，可以愚弄百姓呢？所以英明的君主安排百姓的财产，一定使他们上足以赡养

---

① 四夷：指当时周边文化落后的部族。

父母，下足以养活妻子儿女，好年成能够吃饱，坏年成免于死亡。然后督促他们向善，所以百姓们容易听从。现在安排百姓们的财产，上不足以赡养父母，下不足以养活妻子儿女，好年成终年受苦，坏年成不免于死亡。这样仅仅保全生命都怕办不到，哪有工夫去讲究礼义？大王要行王道仁政，何不回到根本上呢？分给每家五亩大的宅院，种上桑树，五十岁的人就可以穿帛了。鸡猪狗羊这些家畜，能及时得到照顾，七十岁的人就可以有肉吃了。给每家一百亩的耕地，保证他们按时耕种，八口之家就可以免于饥饿了。认真办好学校教育，反复宣讲那孝悌的道理，白发老人就不会背着、扛着在道路上辛苦奔波了。老人能穿帛吃肉，百姓们不饥不寒，假如这样还不能称王天下，是不会有的事情。"

第一篇（下） 梁惠王（下）

共十六章

第一章

【解义】

本章孟子对齐王论述应与民同乐的道理。

【原文】

2.1　庄暴见孟子，曰："暴见于王，王语暴以好乐，暴未有以对也。"曰："好乐何如？"孟子曰："王之好乐甚，则齐国其庶几乎？"他日见于王，曰："王尝语庄子以好乐，有诸？"王变乎色，曰："寡人非能好先王之乐也，直好世俗之乐耳。"曰："王之好乐甚，则齐其庶几乎！今之乐由古之乐也。"曰："可得闻与？"曰："独乐乐，与人乐乐，孰乐？"曰："不若与人。"曰："与少乐乐，与众乐乐，孰乐？"曰："不若与众。""臣请为王言乐。今王鼓乐于此，百姓闻王钟鼓之声、管籥之音，举疾首蹙頞而相告曰：'吾王之好鼓乐，夫何使我至于此极也？父子不相见，兄弟妻子离散。'今王田猎于此，百姓闻王车马之音，见羽旄之美，举疾首蹙頞而相告曰：'吾王之好田猎，夫何使我至于此极也？父子不相见，兄弟妻子离散。'此无他，不与民同乐也。今王鼓乐于此，百姓闻王钟鼓之声、管籥之音，举欣欣然有喜色而相告曰：'吾王庶几无疾病与？何以能鼓乐也？'今王田猎于此，百姓闻王车马之音，见羽旄之美，举欣欣然有喜色而相告曰：'吾王庶几无疾病与？何以能田猎也？'此无他，与民同乐也。今王与百姓同乐，则王矣。"

【译文】

　　庄暴来见孟子，对孟子说："我见到了齐王，齐王对我说他喜欢音乐，我不知如何回答才好。"又说："爱好音乐，怎么样呢？"孟子说："大王对音乐喜欢得厉害，那齐国就差不多可治理好了!"过了些天,孟子会见齐王,对齐王说:"大王曾对庄先生说爱好音乐,有这回事吗?"齐王脸红了,说:"寡人我不是喜欢先王①的音乐,只是爱好世俗的音乐罢了。"孟子说:"大王对音乐喜欢得厉害,那齐国就差不多可治理好了!现在的音乐和古代的音乐是一样的。"齐王说:"可让我听听其中的道理吗?"孟子问道:"独自听音乐,和人一块听音乐,哪一个更快乐呢?"齐王答:"不如和大家一块听。"孟子又说:"与少数人一块听音乐,与民众一块听音乐,哪一个更快乐呢?"答:"不如和民众一块听。""请让我为大王讲说音乐。假若大王在这儿击鼓奏乐,百姓们听到大王的钟鼓之声、管弦之音,都头痛皱眉互相议论说:'我们大王喜欢击鼓奏乐,可为什么让我们到了这个地步呢?父子不能相见,兄弟妻儿离散。'假若大王在这儿打猎,百姓们听到大王的车马之声,看见了旌旗招展,都头痛皱眉互相议论说:'我们大王喜欢打猎,可为什么让我们到了这个地步呢?父子不能相见,兄弟妻儿离散。'这没有别的原因,是不能与民同乐啊。假如大王在这儿击鼓奏乐,百姓们听到大王的钟鼓之声、管弦之音,都兴高采烈地互相议论说:'我们大王大约无灾无病吧?要不然怎么能击鼓奏乐呢?'假如大王在这儿打猎,百姓们听到大王的车马之声,看到了旌旗招展,都兴高采烈地互相议论说:'我们大王大约无灾无病吧?要不然怎么能出来打猎呢?'

---

① 先王:古代的圣帝明王。

这没有别的原因，能够与民同乐啊。假若大王能与民同乐，一定能称王天下。"

第二章

【解义】

本章孟子向齐宣王论述，假如允许百姓入内打柴捕兔，百姓就不会嫌君主的猎场太大。

【原文】

2.2 齐宣王问曰："文王之囿方七十里，有诸？"孟子对曰："于传有之。"曰："若是其大乎？"曰："民犹以为小也。"曰："寡人之囿方四十里，民犹以为大，何也？"曰："文王之囿方七十里，刍荛者往焉，雉兔者往焉，与民同之。民以为小，不亦宜乎？臣始至于境，问国之大禁，然后敢入。臣闻郊关之内，有囿方四十里，杀其麋鹿者如杀人之罪，则是方四十里为阱于国中。民以为大，不亦宜乎？"

【译 文】

齐宣王问道:"周文王的猎场方圆七十里,是吗?"孟子回答说:"书上是这么说的。"问:"像这样是否太大了呢?"答:"百姓们还觉得小呢。"问:"寡人我的猎场才方圆四十里,百姓们还觉得大,为什么呢?"答:"周文王的猎场方圆七十里,打柴割草的可以进去,捕野兔打野鸡的可以进去,和百姓们共同使用。百姓们认为小,不是很自然的吗?我刚到国境时,问齐国有什么禁令,然后才敢进入。我听说郊外境内,有猎场方圆四十里,杀死其中的麋鹿,其罪相当于杀人。那么这方圆四十里就是国内的一个陷阱。百姓们觉得大,不是很自然的吗?"

第三章

【解 义】

本章孟子向齐宣王论述,在外交问题上,只有秉承天意,才能保全。并引用《尚书》,说明君主应协助上帝,把天下治理好。

【原 文】

2.3　齐宣王问曰："交邻国有道乎?"孟子对曰："有。惟仁者为能以大事小,是故汤事葛,文王事混夷。惟智者为能以小事大,故大王事獯鬻,句践事吴。以大事小者,乐天者也。以小事大者,畏天者也。乐天者保天下,畏天者保其国。《诗》云:'畏天之威,于时保之。'"王曰:"大哉言矣!寡人有疾,寡人好勇。"对曰:"王请无好小勇。夫抚剑疾视,曰:'彼恶敢当我哉!'此匹夫之勇,敌一人者也。王请大之。《诗》云:'王赫斯怒,爰整其旅。以遏徂莒,以笃周祜,以对于天下。'此文王之勇也。文王一怒而安天下之民。《书》曰:'天降下民,作之君,作之师。惟曰其助上帝,宠之四方。有罪无罪,惟我在,天下曷敢有越厥志?'一人衡行于天下,武王耻之。此武王之勇也。而武王亦一怒而安天下之民。今王亦一怒而安天下之民,民惟恐王之不好勇也。"

【译 文】

　　齐宣王问道:"和邻国交往有什么原则吗?"孟子回答说:"有。只有仁者能以大国事奉小国,所以商汤事奉葛伯,文王事奉混夷。只有智者能以小国事奉大国,所以太王事奉獯鬻，句践事奉吴国。以大国事奉小国，是乐意奉行天道。以小国事奉大国，是由于畏惧上帝而行天道。乐意奉行天道的可治理整个天下，畏惧上帝而行天道的可保全自己的国家。《诗经·我将》篇说：'畏惧上帝的威力，所以得到保全。'"宣王说："先生的言论高明啊！只是我有毛病，我崇拜勇（恐怕不能事奉别人）。"孟子回答："请大王不要喜欢小勇。那种手握利剑、怒目而视，说：'他怎敢挡我！'这是匹夫之勇，可敌挡一人。请大王扩大它。《诗经·皇矣》篇说：'王勃然大怒，整顿起军队。阻击侵莒之兵，以提高周国的威信，以报答天下的信任。'这是文王的勇。文王一怒而使天下百姓安宁。《尚书·泰誓》篇说：'天降生了下界的民众，为他们树立了君，树立了师。为的是让君与师辅助上帝，把上帝的爱送达四方。不论有罪无罪，只要有我在，天下谁敢有非分之想？'只要有一个人在天下横行作乱，武王就认为是耻辱。这是武王的勇。而武王也是一怒而使天下百姓安宁。假若大王您也一怒而使天下百姓安宁，百姓们就唯恐大王不好勇呢！"

第四章

【解 义】

本章孟子规劝齐宣王乐民之乐、忧民之忧,不要不顾百姓死活而只顾自己作乐。

【原 文】

2.4 齐宣王见孟子于雪宫。王曰:"贤者亦有此乐乎?"孟子对曰:"有。人不得,则非其上矣。不得而非其上者,非也。为民上而不与民同乐者,亦非也。乐民之乐者,民亦乐其乐;忧民之忧者,民亦忧其忧。乐以天下,忧以天下,然而不王者,未之有也。昔者,齐景公问于晏子曰:'吾欲观于转附、朝儛,遵海而南,放于琅邪。吾何修而可以比于先王观也?'晏子对曰:'善哉问也!天子适诸侯曰巡狩,巡狩者,巡所守也。诸侯朝于天子曰述职,述职者,述所职也。无非事者。春省耕而补不足,秋省敛而助不给。夏谚曰:'吾王不游,吾何以休?吾王不豫,吾何以助?一游一豫,为诸侯度。'今也不然，师行而粮食，饥者弗食，劳者弗息。睊睊胥谗，民乃作慝。方命虐民，饮食若流，流连荒亡，为诸侯忧。从流下而忘反谓之流，从流上而忘反谓之连，从兽无厌谓之荒，乐酒无厌谓之亡。先王无流连之乐，荒亡之行。惟君所行也。'景公说，大戒于国，出舍于郊。于是始兴发补不足。召太师曰：'为我作君臣相说之乐。'盖《徵招》《角招》是也。其诗曰：'畜君何尤？'畜君者，好君也。"

【译文】

齐宣王在雪宫会见孟子。宣王说："贤者也有这样的快乐吗？"孟子回答："有的。百姓们得不到这种快乐，就怨恨他们的君主。得不到就怨恨自己的君主，是不对的。作百姓的君主而不能与民同乐，也是不对的。以百姓的快乐为快乐，百姓也会以他的快乐为快乐；以百姓的忧愁为忧愁，百姓也会以他的忧愁为忧愁。快乐是由于天下，忧愁是由于天下，假如这样还不能称王天下，是不会有的事情。过去齐景公问晏子①：'我想到转附、朝儛二山去游玩，然后沿海南下，到达琅邪。我要怎样才可以和先王的巡游比美呢？'晏子回答道：'问得好啊！天子到诸侯那里叫巡狩，巡狩，就是巡查诸侯们驻守的疆土。诸侯朝拜天子叫述职，述职，就是述说自己如何履行职

---

① 晏子：名婴，春秋时代齐国卓越的政治家。

责。没有不是国家大事的。春天要视察耕种情况并补助那贫穷的,秋天要视察收获情况并救济那缺粮的。夏代的谚语说:'我们大王不巡游,我们怎能有假休?我们大王不巡狩,我们怎能得帮助?巡游巡狩一趟趟,都为诸侯作榜样。'现在不是这样,每次出巡,都要兴师动众,筹集和运送粮食,饥饿的人得不到食物,劳苦的人得不到休息。全国上下侧目而视、怨声载道,老百姓也就为非作歹。这样的违抗王命①伤害百姓,饮食像流水一样而没有节制,流、连、荒、亡,让诸侯②担忧。顺流而下忘记返回叫作做流,溯流而上忘记返回叫作做连,田猎没有节制叫作做荒,酗酒无度叫作做亡。先王没有流连的快乐、荒亡的行为。只看您自己怎么做了。'景公高兴了,在京城内做了充分准备,接着就住在郊外。于是开始打开国库,救济贫穷的人。景公又叫来乐师,说:'替我创作一首君臣相悦的乐曲。'这就是《徵招》《角招》两首乐曲。歌词中唱道:'畜君③有什么过错?'畜君就是热爱君主。"

---

① 王命:指先王或周王之命。
② 诸侯:朱熹认为指"附庸之国、县邑之长"。
③ 畜君:制止君主的过错。

第五章

【解 义】

本章孟子对齐宣王论述王政。王政就是王道仁政。本章所讲王政的内容,主要是君主应和百姓同甘甜、共欢乐。

【原 文】

2.5 齐宣王问曰:"人皆谓我毁明堂,毁诸?已乎?"孟子对曰:"夫明堂者,王者之堂也。王欲行王政,则勿毁之矣。"王曰:"王政可得闻与?"对曰:"昔者文王之治岐也,耕者九一,仕者世禄,关市讥而不征,泽梁无禁,罪人不孥。老而无妻曰鳏,老而无夫曰寡,老而无子曰独,幼而无父曰孤。此四者,天下之穷民而无告者。文王发政施仁,必先斯四者。《诗》云:'哿矣富人,哀此茕独!'"王曰:"善哉言乎!"曰:"王如善之,则何为不行?"王曰:"寡人有疾,寡人好货。"对曰:"昔者公刘好货。《诗》云:'乃积乃仓,乃裹糇粮,于橐于囊,思戢用光。弓矢斯张,干戈戚扬,爰方启行。'故居者有积仓,行者有裹囊也,然后可以爰方启行。王如好货,与百姓同之,于王何有?"王曰:"寡人有疾,寡人好色。"对曰:"昔者太王好色,爱厥妃。《诗》云:'古公亶甫,来朝走马。率西水浒,至于岐下。爰及姜女,聿来胥宇。'当是时也,内无怨女,外无旷夫。王如好色,与百姓同之,于王何有?"

【译 文】

齐宣王问道:"大家都劝我毁掉明堂,毁掉还是不毁呢?"孟子回答说:"所谓明堂,就是王者之堂。大王如果要行王政,就不要毁它。"宣王说:"什么是王政?可以让我听听吗?"孟子回答:"过去周文王治理岐山,耕田的税率九分之一,做官的俸禄世代相传,关隘和市场只监察而不征税,百姓到水中捕鱼不加禁止,惩罚罪人不株连妻子儿女。年老无妻叫鳏,年老无夫叫寡,年老无子叫独,幼小无父叫孤。这四种人,是天下的穷人中没有指靠的。文王发布政令、实行仁爱,一定先考虑这四种人。《诗经·正月》说:'富人生活过得去,孤苦的人儿真可怜!'"宣王说:"这话说得好啊!"孟子说:"大王如果觉得这话说得好,那为什么不实行?"宣王说:"我有毛病,我爱财。"孟子说:"过去公刘①爱财。《诗经·公刘》篇说:'粮食满囤又满仓,打开口袋装干粮。装满

---

① 公刘:后稷曾孙,周文王的远祖。

了橐，装满了囊，想的是百姓和睦，举国荣光。箭上弦，弓拉满，干戈斧钺举起来，队伍出发向前开。'所以在家仓里有存粮，外出袋里有干粮，然后队伍可以出发向前开。大王若是爱财，就和百姓共同享受，称王于天下有什么困难？"宣王说："我有毛病，我喜好美色。"孟子回答："过去太王好色，爱他的妃子。《诗经·锦》篇说：'古公亶父①，一大早就乘马奔驰。沿着水的西岸，来到岐山之下。带着妻子姜氏，来考察建房地址。'这个时候，宫内没有无夫的怨女，宫外没有无妻的旷夫。大王您若是好色，使百姓也能如此，称王于天下有什么困难？"

第六章

【解　义】

本章孟子论述国君应对一国的政治状况负责。

【原　文】

2.6　孟子谓齐宣王曰："王之臣有托其妻子于其友

---

① 古公亶父：太王原号古公，名亶父。后人追尊为太王。

而之楚游者。比其反也，则冻馁其妻子。则如之何？"王曰："弃之。"曰："士师不能治士，则如之何？"王曰："已之。"曰："四境之内不治，则如之何？"王顾左右而言他。

【译文】

孟子对齐宣王说："大王的一个臣子把妻儿托给朋友，自己到楚国游历去了。等他回来，妻子却在挨饿受冻，他应该怎么办？"宣王说："和那个朋友绝交。"孟子说："士师①管不好自己的下属，该怎么办？"宣王说："撤换他。"孟子说："整个国家治理不好，怎么办？"宣王左顾右盼去说些别的。

第七章

【解义】

本章孟子对齐宣王论述如何识别和使用贤才。

---

① 士师：古代刑狱之官，有下属。

【原文】

2.7　孟子谓齐宣王,曰:"所谓故国者,非谓有乔木之谓也,有世臣之谓也。王无亲臣矣,昔者所进,今日不知其亡也。"王曰:"吾何以识其不才而舍之?"曰:"国君进贤,如不得已,将使卑逾尊,疏逾戚,可不慎与?左右皆曰贤,未可也。诸大夫皆曰贤,未可也。国人皆曰贤,然后察之;见贤焉,然后用之。左右皆曰不可,勿听。诸大夫皆曰不可,勿听。国人皆曰不可,然后察之;见不可焉,然后去之。左右皆曰可杀,勿听。诸大夫皆曰可杀,勿听。国人皆曰可杀,然后察之;见可杀焉,然后杀之。故曰国人杀之也。如此,然后可以为民父母。"

【译文】

孟子会见齐宣王,对宣王说:"所谓故国,不是说有树木就是故国,而是说有世臣。大王没有亲近的臣子了,过去所进用的,现在就不知道他跑到哪里去了。"宣王说:"我怎样才能知道他不称职而不用呢?"孟子答:"国君进用贤才,如果不得已,将会使卑贱越过尊贵,疏远逾越亲近,可以不慎重吗?左右的人都说贤,不可以用。诸位大夫都说贤,不可以用。国人都说贤,然后考察;看他果然贤能,然后进用。左右都说不可用,不要听。诸位大夫都说不可用,不要听。国人都说不可用，然后考察；看他果然不可用，然后再不用。左右都说该杀，不要听。诸位大夫都说该杀，不要听。国人都说该杀，然后考察；看他果然该杀，然后再杀。所以说，这是国人杀了他。这样做了，然后可以做民众的父母。"

第八章

【解 义】

本章孟子论述桀、纣那样的暴君是"一夫"（独夫）。

【原 文】

2.8 齐宣王问曰："汤放桀，武王伐纣，有诸？"孟子对曰："于传有之。"曰："臣弑其君可乎？"曰："贼仁者谓之贼，贼义者谓之残。残贼之人谓之一夫。闻诛一夫纣矣，未闻弑君也。"

【译 文】

齐宣王问道："汤放逐桀，武王讨伐纣，有这回事吗？"孟子回答："书上是这么说的。"问："作为臣子，杀自己的君主，可以吗？"答："贼害仁的叫作做贼。贼害义的叫作做残。残贼之人叫作做独夫。听说过杀了独夫纣，没听说过什么臣子杀害君主。"

第九章

【解义】

本章孟子用作工、治玉应服从专家，比喻治国应听从贤者。

【原文】

2.9　孟子见齐宣王，曰："为巨室，则必使工师求大木。工师得大木则王喜，以为能胜其任也。匠人斫而小之，则王怒，以为不胜其任矣。夫人幼而学之，壮而欲行之，王曰，'姑舍女所学而从我'，则何如？今有璞玉于此，虽万镒，必使玉人雕琢之。至于治国家，则曰'姑舍女所学而从我'，则何以异于教玉人雕琢玉哉？"

【译文】

孟子会见齐宣王，对宣王说："造大房子，就一定要让工师寻找大木料。工师得了大木料，大王您就喜欢，认为他能胜任。木匠们把木料砍小了，您就发怒，认为他们不胜任。人从小学的本领，长大就要实行，您说，'丢掉你学的那些，听我的'，会怎么样呢？假如有块璞玉在这里，虽然价值万金，也一定要请玉工雕琢。至于治国，却说什么'丢掉你学的那些，听我的'，这和您要教玉工雕琢有什么区别？"

第十章

【解 义】

　　本章孟子论述处理被占领国的事务，应根据该国的民意。

【原 文】

　　2.10　齐人伐燕，胜之。宣王问曰："或谓寡人勿取，或谓寡人取之。以万乘之国伐万乘之国，五旬而举之，人力不至于此。不取必有天殃，取之何如？"孟子对曰："取之而燕民悦，则取之。古之人有行之者，武王是也。取之而燕民不悦，则勿取。古之人有行之者，文王是也。以万乘之国伐万乘之国，箪食壶浆，以迎王师，岂有他哉？避水火也。如水益深，如火益热，亦运而已矣。"

【译文】

齐国进攻燕国，胜利了。齐宣王问孟子："有人劝我不要吞并燕国，有人劝我吞并。以齐这样的万乘之国进攻燕这样的万乘之国，五十天就打了下来，单凭人力是办不到的。不吞并，天必定要降下灾祸，吞并它怎么样？"孟子回答："吞并使燕国的百姓高兴，就吞并它。古人有这样做的，那就是周武王。吞并而燕国百姓不高兴，就不要吞并。古人有这样做的，那就是周文王。以万乘之国讨伐万乘之国，百姓们送吃送喝，来欢迎大王的军队，还会有别的原因吗？是为了摆脱那水深火热的痛苦生活。假如使水更深，使火更热，百姓们就要转而盼望别人来拯救了。"

第十一章

【解 义】

本章孟子继续论述占领者应尊重被占领国的民意。

【原 文】

2.11 齐人伐燕,取之。诸侯将谋救燕。宣王曰:"诸侯将谋伐寡人者,何以待之?"孟子对曰:"臣闻七十里为政于天下者,汤是也。未闻以千里畏人者也。《书》曰:'汤一征,自葛始。'天下信之。'东面而征,西夷怨;南面而征,北狄怨。曰:奚为后我?'民望之,若大旱之望云霓也。归市者不止,耕者不变。诛其君而吊其民,若时雨降,民大悦。《书》曰:'徯我后,后来其苏!'今燕虐其民,王往而征之,民以为将拯己于水火之中也,箪食壶浆,以迎王师。若杀其父兄,系累其子弟,毁其宗庙,迁其重器,如之何其可也?天下固畏齐之强也,今又倍地而不行仁政,是动天下之兵也。王速出令,反其旄倪,止其重器,谋于燕众,置君而后去之，则犹可及止也。"

【译文】

　　齐国进攻燕国，胜利了。诸侯们在谋划救援燕国。齐宣王说："许多诸侯们都在谋划讨伐我，怎么对付呢？"孟子回答道："我听说以方圆七十里土地而统治了天下的，是商汤啊，却没听说过以方圆千里的土地而畏惧别人的①。《尚书·仲虺之诰》篇记载：'商汤征讨，从葛国开始。'天下人都信任他。'征讨东方，西方埋怨；征讨南方，北方埋怨。都说："为什么把我们放到后面。"'老百姓盼望他就像大旱时盼云雨一样。商人不停止营业，农民照常耕作。诛杀那里的君主而抚慰那里的百姓，就像下了及时雨，老百姓都非常高兴。《尚书·仲虺之诰》篇说：'等待我们的王，王来我们就会得救！'假若燕国君主虐待他的百姓，大王您去征讨，百姓们都认为您要把自己从水深火热之中拯救出来，他们送饭送水，欢迎大王的军队。假若杀他们的父兄，掳掠他们的子弟，毁坏他们的宗庙，抢走他们的宝器，这又怎么可以呢？天下本来就畏惧齐国的强大，现在土地增加两倍却不行仁政，这是自己去动员天下的军队打自己。大王您应赶快发布命令，归还掳掠的人口，停止搬运燕国的宝器，和燕国的民众商量，立一个国君然后离开，或许还来得及阻止各国出兵。"

---

① 指齐宣王害怕诸侯们讨伐他。齐国是个有方圆上千里土地的大国。

第十二章

【解 义】

本章孟子规劝邹穆公行仁政,认为只有这样才可以使百姓亲近官长。

【原 文】

2.12 邹与鲁鬨。穆公问曰:"吾有司死者三十三人,而民莫之死也。诛之,则不可胜诛;不诛,则疾视其长上之死而不救,如之何则可也?"孟子对曰:"凶年饥岁,君之民老弱转乎沟壑,壮者散而之四方者几千人矣;而君之仓廪实、府库充,有司莫以告,是上慢而残下也。曾子曰:'戒之,戒之!出乎尔者,反乎尔者也。'夫民今而后得反之也。君无尤焉!君行仁政,斯民亲其上、死其长矣。"

【译 文】

邹国与鲁国发生冲突。邹穆公问孟子:"我的官员死了三十三人；老百姓却不去拼死援救。杀呢，这些百姓不能都杀；不杀呢，他们都是眼睁睁地看着长官死去而不援救，怎么办才好呢？"孟子回答道："闹灾荒的年月，君王您的人民，老弱的饿死在荒野河沟，年轻力壮的有上千人逃到四面八方；可是君主您的粮仓是满的，库房的钱财是多的，官员们不上报灾情，这是上面无视百姓疾苦而残害百姓的行为。曾子①说：'警惕啊！警惕啊！从你身上出去的，还会回到你身上。'现在百姓们有了报复的机会。君王您不要怪罪他们了！君王您行仁政，这些百姓就会亲近上司，为官长卖命了。"

第十三章

【解 义】

本章孟子论述处于大国之间的小国应自力更生。

【原 文】

2.13 滕文公问曰："滕，小国也，间于齐、楚。事

---

① 曾子：孔子的学生，名参。孟子曾跟子思（孔子的孙子，名伋）或子思的弟子学习，子思的老师即曾参。

齐乎？事楚乎？"孟子对曰："是谋非吾所能及也。无已，则有一焉：凿斯池也，筑斯城也，与民守之，效死而民弗去，则是可为也。"

【译 文】

滕文公问道："滕，是个小国，处于齐国与楚国之间。是投靠齐国呢？还是投靠楚国呢？"孟子回答说："这个问题不是我所能解决的。假若一定要说，倒是有一个办法：深挖护城河，高筑城墙，和百姓们一起进行防御，即使献出生命，百姓也不离开，那就有办法了。"

第十四章

【解 义】

本章孟子规劝滕文公，只能依靠自己的善行来保全自己。

【原 文】

2.14 滕文公问曰："齐人将筑薛，吾甚恐。如之何则可？"孟子对曰："昔者大王居邠，狄人侵之，去之岐山之下居焉。非择而取之，不得已也。苟为善，后世子孙必有王者矣。君子创业垂统，为可继也。若夫成功，则天也。君如彼何哉？强为善而已矣。"

【译 文】

滕文公问道："齐国就要在薛地修筑城池，我很害怕，怎么办才好呢？"孟子回答说："过去太王住在邠地，狄人侵犯他们，他们就离开邠地搬到岐山之下。不是觉得那里好才去那里，而是不得已。假若行为良善，后世子孙一定会出现王者。君子创业又留下优良传统，为的是让后代可以继承。至于能否成功，那要看天意如何。对于齐国，您又怎能奈何它呢？只有努力行善罢了。"

第十五章

【解 义】

本章孟子主张，作为小国，或守或逃都可，但不投靠大国强者。

【原文】

2.15　滕文公问曰:"滕,小国也。竭力以事大国,则不得免焉。如之何则可?"孟子对曰:"昔者大王居邠,狄人侵之。事之以皮币,不得免焉;事之以犬马,不得免焉;事之以珠玉,不得免焉。乃属其耆老而告之曰:'狄人之所欲者,吾土地也。吾闻之也:君子不以其所以养人者害人。二三子何患乎无君,我将去之。'去邠,逾梁山,邑于岐山之下居焉。邠人曰:'仁人也,不可失也。'从之者如归市。或曰:'世守也,非身之所能为也,效死勿去。'君请择于斯二者。"

【译文】

滕文公问道:"滕,是个小国。竭力事奉大国,终究免不了灭亡,怎么办才好呢?"孟子回答说:"过去太王住在邠地,狄人侵犯他们。用兽皮和丝帛去讨好狄人,免不了祸灾;用牲畜去讨好狄人,免不了祸灾;用珠宝去讨好狄人,仍然免不了祸灾。于是召集了长老并且说道:'狄人想要的,是我们的土地。我听人说:君子不用那用来养人的东西害人。诸位不必忧虑没有君主,我就要离开了。'离开邠地,越过梁山,到岐山下面筑城住了下来。邠地的百姓们说:'这是个仁人啊,不能离开他。'跟随他的人像赶集一样。还有人说:'世代相守的土地,不是我自己可以随便处理的,就是死也不离开。'君王您可在两种办法之中作出选择。"

第十六章

【解 义】

本章孟子认为自己没有见到鲁平公乃是天意,不是由于臧仓的阻挠。

【原 文】

2.16 鲁平公将出,嬖人臧仓者请曰:"他日君出,则必命有司所之。今乘舆已驾矣,有司未知所之,敢请。"公曰:"将见孟子。"曰:"何哉,君所为轻身以先于匹夫者?以为贤乎?礼义由贤者出,而孟子之后丧逾前丧。君无见焉。"公曰:"诺。"乐正子入见,曰:"君奚为不见孟轲也?"曰:"或告寡人曰:'孟子之后丧逾前丧。'是以不往见也。"曰:"何哉,君所谓逾者?前以士,后以大夫;前以三鼎,而后以五鼎与?"曰:"否。谓棺椁衣衾之美也。"曰:"非所谓逾也,贫富不同也。"乐正子见孟子,曰:"克告于君,君为来见也。嬖人有臧仓者沮君，君是以不果来也。"曰："行或使之，止或尼之。行、止，非人所能也。吾之不遇鲁侯，天也。臧氏之子，焉能使予不遇哉？"

【译　文】

　　鲁平公将要出行，宠臣臧仓请求道："以前君王您出行，总是先告诉主管部门要去何处。现在车已经驾好了，主管部门还不知道您去哪儿，所以前来请示。"平公说："要去会见孟子。"臧仓说："君王为什么要降低自己身份先去拜访一个百姓？认为他是贤者吗？贤者应是实行礼仪的榜样，而孟子却是厚葬母亲超过了先死的父亲。君王还是不要去见他吧！"平公说："好吧。"乐正子去见平公，问："君王为什么不去见孟轲呢？"答："有人对我说，'孟子厚葬母亲超过了先死的父亲。'所以我不去见他。"乐正子说："您所说的超过是什么意思呢？是不是孟子先用士礼葬父，后用大夫礼葬母；以前葬父用三鼎，后来葬母用五鼎呢？"答："不是的。说的是棺椁寿衣的华美。"乐正子说："这说不上什么超过，只是贫富不同了。"乐正子来见孟子，说："我对君王说了，他准备来见您。宠臣有个叫臧仓的阻挠，所以君王最终还是没有来。"孟子说："行可能是有人促使，止可能是有人阻挠。但到底是行还是止，都不是人所能左右的。我不能见到鲁君，是天意啊。臧家那个小子，怎能使我见不到鲁君？"

第二篇（上）公孙丑（上）

共九章

【解题】

公孙丑是孟子学生。本章除了继续讨论王道仁政及一般的政治、外交问题外，还较多地讨论了人的本性及其修心、养气的问题。"不动心""我善养吾浩然之气""人皆有不忍人之心"等著名概念和命题，就是在本篇中提出的。"天时不如地利，地利不如人和"的论断，也是在本篇中提出的。孟子在这一篇中还表达了自己对平治天下的信心。他认为当时的混乱局面正是行王道仁政的良机，他自己，并且只有他自己，才可以担当天（上帝）赋予的平治天下的重任。

第一章

【解义】

本章孟子认为,若让自己执掌齐国政权,行仁政而王天下,创造比管仲、晏婴都更加伟大的功业,在各国百姓们都苦于虐政、盼望安宁的情况下,是易如反掌的事。

【原文】

3.1　公孙丑问曰:"夫子当路于齐,管仲、晏子之功,可复许乎?"孟子曰:"子诚齐人也,知管仲、晏子而已矣。或问乎曾西曰:'吾子与子路孰贤?'曾西蹵然曰:'吾先子之所畏也。'曰:'然则吾子与管仲孰贤?'曾西艴然不悦,曰:'尔何曾比予于管仲?管仲得君如彼其专也,行乎国政如彼其久也,功烈如彼其卑也,尔何曾比予于是!'"曰:"管仲,曾西之所不为也,而子为我愿之乎?"曰:"管仲以其君霸,晏子以其君显。管仲、晏子犹不足为与?"曰:"以齐王,由反手也。"曰:"若是,则弟子之惑滋甚。且以文王之德,百年而后崩,犹未洽于天下；武王、周公继之，然后大行。今言王若易然，则文王不足法与？"曰："文王何可当也！由汤至于武丁，贤圣之君六七作。天下归殷久矣，久则难变也。武丁朝诸侯，有天下，犹运之掌也。纣之去武丁未久也，其故家遗俗，流风善政，犹有存者；又有微子、微仲、王子比干、箕子、胶鬲，皆贤人也，相与辅相之，故久而后失之也。尺地莫非其有也，一民莫非其臣也，然而文王犹方百里起，是以难也。齐人有言曰：'虽有智慧，不如乘势；虽有镃基，不如待时。'今时则易然也。夏后、殷、周之盛，地未有过千里者也，而齐有其地矣；鸡鸣狗吠相闻，而达乎四境，而齐有其民矣；地不改辟矣，民不改聚矣，行仁政而王，莫之能御也。且王者之不作，未有疏于此时者也；民之憔悴于虐政，未有甚于此时者也。饥者易为食，渴者易为饮。孔子曰：'德之流行，速于置邮而传命。'当今之时，万乘之国行仁政，民之悦之，犹解倒悬也。故事半古之人，功必倍之，惟此时为然。"

【译文】

公孙丑问道："先生您如果掌握齐国政权，像管仲、晏婴那样的功业，可以再度兴起吗？"孟子说："你真是齐国人啊,只知道管仲、晏婴罢了。有人问曾西①:'您和子路相比谁更贤能?'曾西不安地说:'那是我祖父所畏惧的人。'又问:'那么您和管仲相比谁更贤能?'曾西怒形于色地说:'你为什么要拿我和管仲相比?管仲得国君的信任是那样专一,执掌国政是那样长久,功业却那样的卑小,你为什么要把我和他相比!'"孟子又说:"管仲那点事,曾西都不愿去做,而你认为我愿意吗?"公孙丑说:"管仲辅佐桓公成就霸业,晏婴辅佐景公使自己显名,管仲、晏婴那样的功业还不值得做吗?"孟子答:"以齐国来称王天下,易如反掌。"公孙丑说:"这样说,弟子我的疑惑就更加严重了。以周文王那样的德行,又长寿百年,还未能使恩德广被于天下;武王、周公继续文王的事业,然后才使王道仁政广泛推行。现在您说行王道如此容易,那么连周文王也不值得效法了吗?"孟子说:"怎能和文王相比呢!从商汤到武丁,贤圣的君主有六七个。天下归服殷朝已经很久了,时间长久就难以改变。武丁使诸侯朝贡,统治天下,还像拨弄掌中之物一样容易。纣离武丁不远,老臣遗风,治国善政,还没有完全丢掉;又有微子、微仲、王子比干、箕子、胶鬲,都是贤人,他们一起辅佐纣王,所以好久以后才亡国。没有一寸土地不归纣王所有,没有一个百姓不是纣王的臣民,然而文王仅由方圆百里的土地兴起,所以非常艰难。齐国谚语说:'虽然有智慧,不如趁形

---

① 曾西:曾参之孙。

势；虽然有农具，不如等天时。'现在的时机容易成功。夏代、殷、周的强盛，领土都没有超过千里，而齐却有这样大的土地；鸡鸣狗吠之声相闻，一直到达边境，这样多的百姓也归齐国所有；土地不必再开辟，百姓不用再集聚，在这样的基础上行仁政称王天下，没人能够挡得住。况且王者不出现，再没有比这段时间更长久的；百姓们在虐政之下所受的痛苦，也没有比现在更厉害的了。饥饿的人不挑食，口渴的人不择水。孔子说：'德行的传播，比飞马传令还快。'当今这个时机，万乘之国行仁政，百姓们的高兴，就像倒吊的人被解除了痛苦。所以努力只需古人一半，成功却要超过古人一倍，只有这个时代才能如此。"

第二章

【解 义】

本章孟子论述"不动心"及"浩然之气"，并盛赞孔子伟大。

【原 文】

3.2 公孙丑问曰："夫子加齐之卿相，得行道焉，虽由此霸王，不异矣。如此，则动心否乎？"孟子曰："否。我四十不动心。"曰："若是，则夫子过孟贲远矣。"曰："是不难。告子先我不动心。"曰："不动心，有道乎？"曰："有。北宫黝之养勇也，不肤桡，不目逃。思以一豪挫于人，若挞之于市朝。不受于褐宽博，亦不受于万乘之君。视刺万乘之君，若刺褐夫。无严诸侯。恶声至，必反之。孟施舍之所养勇也，曰：'视不胜犹胜也。量敌而后进，虑胜而后会，是畏三军者也。舍岂能为必胜哉？能无惧而已矣。'孟施舍似曾子，北宫黝似子夏。夫二子之勇，未知其孰贤，然而孟施舍守约也。昔者曾子谓子襄曰：'子好勇乎？吾尝闻大勇于夫子矣：自反而不缩，虽褐宽博，吾不惴焉；自反而缩，虽千万人，吾往矣。'孟施舍之守气，又不如曾子之守约也。"曰："敢问夫子之不动心，与告子之不动心，可得闻与？" "告子曰：'不得于言，勿求于心；不得于心，勿求于气。'不得于心，勿求于气，可；不得于言，勿求于心，不可。夫志，气之帅也；气，体之充也。夫志，至焉；气，次焉。故曰：'持其志，无暴其气。'" "既曰'志，至焉；气，次焉'，又曰'持其志，无暴其气'者，何也？"曰："志壹则动气，气壹则动志也。今夫蹶者趋者，是气也，而反动其心。"

"敢问夫子恶乎长？"曰："我知言，我善养吾浩然之气。""敢问何谓浩然之气?"曰:"难言也。其为气也,至大至刚,以直养而无害,则塞于天地之间。其为气也,配义与道;无是,馁也。是集义所生者,非义袭而取之也。行有不慊于心,则馁矣。我故曰告子未尝知义,以其外之也。必有事焉而勿正,心勿忘,勿助长也。无若宋人然。宋人有闵其苗之不长而揠之者,芒芒然归,谓其人曰:'今日病矣,予助苗长矣。'其子趋而往视之,苗则槁矣。天下之不助苗长者寡矣。以为无益而舍之者,不耘苗者也,助之长者,揠苗者也。非徒无益,而又害之。""何谓知言?"曰:"诐辞知其所蔽,淫辞知其所陷,邪辞知其所离,遁辞知其所穷。生于其心,害于其政;发于其政,害于其事。圣人复起,必从吾言矣。"

"宰我、子贡善为说辞,冉牛、闵子、颜渊善言德行。孔子兼之,曰:'我于辞命,则不能也。'然则夫子既圣矣乎?"曰:"恶!是何言也!昔者子贡问于孔子,曰:'夫子圣矣乎?'孔子曰:'圣则吾不能,我学不厌而教不倦也。'子贡曰:'学不厌,智也;教不倦,仁也。仁且智,夫子既圣矣。'夫圣,孔子不居。是何言也?""昔者窃闻之:子夏、子游、子张,皆有圣人之一体,冉牛、闵子、颜渊,则具体而微。敢问所安?"曰:"姑舍是。"曰:"伯夷、伊尹何如?"曰:"不同道。

非其君不事，非其民不使；治则进，乱则退，伯夷也。何事非君，何使非民；治亦进，乱亦进，伊尹也。可以仕则仕，可以止则止，可以久则久，可以速则速，孔子也。皆古圣人也。吾未能有行焉。乃所愿，则学孔子也。""伯夷、伊尹于孔子，若是班乎？"曰："否。自有生民以来，未有孔子也。"曰："然则有同与？"曰："有。得百里之地而君之，皆能以朝诸侯，有天下。行一不义，杀一不辜而得天下，皆不为也。是则同。"曰："敢问其所以异？"曰："宰我、子贡、有若，智足以知圣人；污，不至阿其所好。宰我曰：'以予观于夫子，贤于尧、舜远矣。'子贡曰：'见其礼而知其政，闻其乐而知其德，由百世之后，等百世之王，莫之能违也。自生民以来，未有夫子也。'有若曰：'岂惟民哉！麒麟之于走兽，凤凰之于飞鸟，泰山之于丘垤，河海之于行潦，类也。圣人之于民，亦类也。出于其类，拔乎其萃，自生民以来，未有盛于孔子也。'"

【译 文】

公孙丑问道："倘若先生您做了齐国卿相，能够推行王道仁政，即使因此成就霸王之业，也没有什么奇怪。倘若如此，您动心吗？"孟子说："不。我四十以后就不动心了。"公孙丑说："若是这样，先生您超过孟贲多了。"孟子说："这不难,告子已经先做到了不动心。"公孙丑问:"做到不动心有什么办法吗?"孟子回答:"有。北宫黝培养勇气,刀扎不动身,针刺不眨眼。以为遭受一丝一毫的侮辱,就像在闹市当众被打。不忍受平民百姓的侮辱,也不忍受万乘之君的轻蔑。他看待杀个大国君主如同杀个贫民。不畏惧王侯。恶语相加,他一定回报。孟施舍培养自己的勇气,说:'我看那不能战胜的和能战胜的一个样。估量了敌人再前进,估计到必胜才交战,这是害怕敌军。我怎能保证一定取胜?能无所畏惧罢了。'孟施舍像曾子,北宫黝像子夏①。这两个人的勇气,不能说哪个更高,不过孟施舍能抓住要领。过去曾子对子襄②说:'您喜好勇吗?我曾听夫子讲过什么是大勇:自问亏心,即使对方卑弱,我也不恐吓他;自问不亏心,即使千军万马,我也勇往直前。'孟施舍的保持勇气,又不如曾子的能抓住要领。"公孙丑问:"请问先生您的不动心,和告子的不动心如何,可以告诉我吗?""告子说:'言辞不当,不必管心里如何;心神不安,不应求助气度③。'心神不安,不应求助气

---

① 子夏:孔子弟子。
② 子襄:曾参弟子。
③ 气度:古人认为,物体内充满了气,并以气和他物相互感应。人也是物,体内也充满了气,并以气和他人、他物相互感应。气是感应的中介。并且认为,人的感情因素,就是气的表现,如喜气、怒气等。心,这里指人的思维及心理活动;气,指外在的风度、姿态,故译为"气度"。

度,还可以;言辞不当,不去管心里如何,就不可以了。志①,是气的统帅;气,充满于体内。志到哪里,气就跟到哪里。所以说:'保持住志向,不任性使气。'""既然说'志到哪里,气就跟到哪里',又说'保持住志向,不任性使气',是什么意思呢?"孟子说:"志向专一就调动气,气专一就调动志。现在人们的跌倒啊,朝哪奔啊,就都是气,这气反过来又调动了他的心。"

"请问先生您擅长什么?"孟子说:"我知言,我善于培养自己的浩然之气。""请问什么是浩然之气?"答:"难以说清楚。这种浩然之气啊,极广大又极刚强,一直去养护它而不加损害,就充满于天地之间。作为气,它与义和道相配;没有这个气,人就怯懦。这是由义的积累而产生的,不是由偶然行义而突然得到的。若行为使心有亏欠,这气就泄了。所以我说告子不懂什么是义,因为他把义看作外在的。一定要培养但不要有所预期,心不要忘了培养,也不要助长。不要像宋人那样。宋国有人嫌他的庄稼长得太慢因而拔苗助长的,傻乎乎地回到家,对家里人说:'今天累死了,我帮庄稼长高了。'他儿子跑去一看,苗都干枯了。天下不拔苗助长的太少了。认为徒劳无益而放弃培养,是不耕耘的人,帮助浩然之气成长,是拔苗的人。这样不但无益,反而有害。""什么叫知言?"答:"片

---

① 志:赵岐注,志,心所念虑也。《朱子语类》卷五二:"志,只是心之所向。"

面的言论知道它被什么蒙蔽,过分的言论知道它在哪里失足,邪说歪理知道它偏离了什么,逃遁的言词知道它为什么理屈词穷。它们产生于心,危害于政治;表现于政治,就使事情败坏。即使圣人复活,也一定认为我说的不错。"

"宰我、子贡,善于言辞;冉伯牛、闵子骞、颜渊①,善说德行。孔子兼而有之,不过他说:'对于辞令,我不擅长。'那么先生您已经是圣人了吧?"孟子说:"嗨!这是什么话!从前子贡问孔子说:'夫子是圣人吗?'孔子说:'圣人我做不到,我学习不厌倦、教人不辞劳罢了。'子贡说:'学习不厌倦,是智;教人不辞劳,是仁。既仁且智,夫子已经是圣人了。'圣人,孔子都不自居。你这是什么话?""从前我听人说:子夏、子游、子张,都学到了圣人的一个方面,冉伯牛、闵子骞、颜渊,得了圣人全体只是略逊一筹。请问先生您属于哪一种?"孟子说:"先不说这个。"问:"伯夷、伊尹怎么样?"孟子说:"道不相同。不是自己心目中的君主不事奉,不是自己心目中的百姓不使唤;政治清明就出仕,政治混乱就隐退,这是伯夷。事奉谁不是事奉君主,使唤谁不是使唤百姓;政治清明他出仕,政治混乱也出仕,这是伊尹。该出仕时出仕,不该出仕时不出,可以长久就长久,不可以长久就离开,这是孔子。他们都是古代圣人。我没能做到这些。不过就我的愿望来说,我愿意学孔子。""伯夷、伊尹和孔子,是一

---

① 这五个人和下面提到的子游、子张等,都是孔子弟子。

样的吗?"孟子说:"不。自从有人类以来,没有像孔子这样的。"问:"那么,有相同的地方吗?"答:"有。假如得到百里之地而做君主,都能使诸侯朝贡,称王天下。行一件不义的事,杀一个无辜的人而得天下,都不会去做。这些是相同的。"问:"请问他们的不同是什么?"答:"宰我、子贡、有若,他们的智慧都足以了解圣人;他们虽然地位低下,至少不会阿谀奉承他们所热爱的人。宰我说:'在我看来,夫子比尧、舜贤明多了。'子贡说:'看到他的礼仪就知道他的政治,听到他的音乐就知道他的德行,在百代之后来评价这百代之中的王者①,没有谁能违背孔子之道。自有人类以来,没有夫子这样的。'有若说:'难道只是人有差别!麒麟对于走兽,凤凰对于飞鸟,泰山对于土丘,河海对于小水沟,都是同类。圣人和百姓,也是同类。但出类拔萃的,从有人类以来,没有比孔子更伟大的。'"

第三章

【解 义】

本章孟子论述王者是以德行仁,以德服人。

---

① 王者:行王道仁政之君,不是一般的君王。此取赵岐注之意。

【原　文】

　　3.3　孟子曰："以力假仁者霸，霸必有大国。以德行仁者王，王不待大。汤以七十里，文王以百里。以力服人者，非心服也，力不赡也。以德服人者，中心悦而诚服也，如七十子之服孔子也。《诗》云：'自西自东，自南自北，无思不服。'此之谓也。"

【译　文】

　　孟子说："依赖实力假借仁义的称霸，称霸的一定是大国。依据德行实行仁义的称王，称王的不必是大国。汤以七十里称王，周文王以百里称王。以力服人的，人不是心服，力量不够罢了。以德服人的，人是心悦诚服，就像七十弟子服孔子。《诗经·文王有声》篇说：'从西到东，从南到北，无不心悦诚服。'说的就是这个意思。"

第四章

【解　义】

　　本章孟子论述祸福都是由于自己的行为造成的，只有行仁者可以获得荣耀。

【原文】

3.4　孟子曰:"仁则荣,不仁则辱。今恶辱而居不仁,是犹恶湿而居下也。如恶之,莫如贵德而尊士,贤者在位,能者在职。国家闲暇,及是时明其政刑虽大国必畏之矣。《诗》云:'迨天之未阴雨,彻彼桑土,绸缪牖户。今此下民,或敢侮予?'孔子曰:'为此诗者,其知道乎!能治其国家,谁敢侮之!'今国家闲暇,及是时般乐怠敖,是自求祸也。祸福无不自己求之者。《诗》云:'永言配命,自求多福。'《太甲》曰:'天作孽,犹可违;自作孽,不可活。'此之谓也。"

【译文】

孟子说:"行仁就会荣耀,不仁必有耻辱。如果厌恶屈辱却以不仁自处,那就像讨厌潮湿却住在低凹之地。如果厌恶屈辱,就不如重视德行而尊敬士人,使贤人在位,能人在职。国家若无外患,赶紧趁此时整顿政治刑律,即使大国也一定感到害怕。《诗经·鸱鸮》说:'趁着天没下雨,剥下桑根之皮,修理门窗。下面那些百姓,谁还敢把我欺凌?'① 孔子说:

---

① 这是鸟儿筑巢时的自述。

'这诗的作者，是懂得道的！能把国家治好，谁还敢欺侮他！'现在呢，国家若无外患，则赴紧趁此时纵情享乐，是自己找祸啊。祸福没有不是由自己造成的。《诗经·文王》说：'永远记着不辜负天命，自己追求幸福。'《尚书·太甲》说：'天降祸，还可逃；自己造下的祸，只有死路一条。'说的就是这个意思。"

第五章

【解 义】

　　本章孟子论述王道仁政的具体内容，并且认为，行王道仁政者，可以无敌于天下。无敌于天下者，就是"天吏"①，即上帝的官吏、助手。

【原 文】

　　3.5　孟子曰："尊贤使能，俊杰在位，则天下之士

---

①　朱熹《四书集注》："吕氏曰：'奉行天命，谓之天吏。'"吕氏，即北宋学者吕大临。

皆悦而愿立于其朝矣。市，廛而不征，法而不廛，则天下之商皆悦而愿藏于其市矣。关，讥而不征，则天下之旅皆悦而愿出于其路矣。耕者助而不税，则天下之农皆悦而愿耕于其野矣。廛无夫、里之布，则天下之民皆悦而愿为之氓矣。信能行此五者，则邻国之民仰之若父母矣。率其子弟，攻其父母，自有生民以来未有能济者也。如此，则无敌于天下。无敌于天下者，天吏也。然而不王者，未之有也。"

【译文】

孟子说："尊崇贤人，任用能者，德才优异者在位，天下之士就都会高兴并愿意立于您的朝廷。市场上只收摊位地面钱而不对货物征税，或者仅管理物价、纠察坏人，连地面摊位钱也不收，天下的商人就都会高兴并愿意到您的市场上来。关隘只盘查而不收税，天下的旅客就都会高兴并愿意走在您的路上。耕田的只助耕公田而不纳税，天下的农民就都会高兴并愿意耕种于您的田野。收了地皮税，就不再收无业人头税和不种树木税，天下的百姓就都高兴并愿意做您的属民。真能实行这五项措施，邻国的百姓就会像想念父母一样仰望着您。率领'子弟'，进攻'父母'，从有人类以来就没有能成功的。这样一来，就无敌于天下。无敌于天下的人，就是天吏。假若这样还不能称王天下，是没有的事。"

第六章

【解义】

本章孟子论述"人皆有不忍人之心"①。

【原文】

3.6　孟子曰:"人皆有不忍人之心。先王有不忍人之心,斯有不忍人之政矣。以不忍人之心,行不忍人之政,治天下可运之掌上。所以谓'人皆有不忍人之心'者,今人乍见孺子将入于井,皆有怵惕恻隐之心,非所以内交于孺子之父母也,非所以要誉于乡党朋友也,非恶其声而然也。由是观之,无恻隐之心,非人也;无羞恶之心,非人也;无辞让之心,非人也;无是非之心,非人也。恻隐之心,仁之端也;羞恶之心,义之端也;辞让之心,礼之端也;是非之心,智之端也。人之

---

① 不忍人之心:即"同情心"。由于同情,对别人的痛苦、危难就心中不忍,孟子称为"不忍人之心"。

有是四端也，犹其有四体也。有是四端而自谓不能者，自贼者也。谓其君不能者，贼其君者也。凡有四端于我者，知皆扩而充之矣，若火之始然，泉之始达。苟能充之，足以保四海；苟不充之，不足以事父母。"

【译　文】

　　孟子说："人皆有同情人之心。先王有同情人之心，才有同情人的政治。用同情人之心，实行同情人的政治，治天下就会像拨弄掌中之物。我之所以说'人皆有同情人之心'，是因为假若人们突然看见小孩子快要掉到井里，都有惊恐恻隐之心，不是为了要讨好那孩子的父母，也不是为了得到乡亲朋友们的称赞，也不是因为讨厌那小孩子的哭声。由此看来，没有恻隐之心，就不是人；没有羞恶之心，就不是人；没有辞让之心，就不是人；没有是非之心，就不是人。恻隐之心，是仁的出发点；羞恶之心，是义的出发点；辞让之心，是礼的出发点；是非之心，是智的出发点。人具有这四个出发点，就像有四肢一样。有这四个出发点却自认为不行，是自己贼害自己。说他们君主不行的，是贼害他们的君主。凡是有四个出发点在身的人，知道并且把它们都加之扩充，就像火开始燃烧，泉开始流出。假若能够扩充，就可统治四海之内；假若不扩充，连父母也事奉不好。"

第七章

【解 义】

本章孟子论述仁的重要以及如何为仁。

【原 文】

3.7　孟子曰:"矢人岂不仁于函人哉?矢人惟恐不伤人,函人惟恐伤人。巫、匠亦然。故术不可不慎也。孔子曰:'里仁为美。择不处仁,焉得智?'夫仁,天之尊爵也,人之安宅也。莫之御而不仁,是不智也。不仁不智,无礼无义,人役也。人役而耻为役,由弓人而耻为弓,矢人而耻为矢也。如耻之,莫如为仁。仁者如射,射者正己而后发,发而不中,不怨胜己者,反求诸己而已矣。"

【译 文】

孟子说:"做箭的难道比做甲的不仁吗?做箭的唯恐箭不伤人,做甲的唯恐箭伤人。巫和棺材匠的关系也是如此。所以职业不可不慎重。孔子说：'仁爱之乡为好。不选择仁爱之乡居住，怎能算智？'仁，是天的最高爵位，人最安然的住宅。没人阻碍你却不仁，是不智。不仁不智，无礼无义，是别人的奴隶。做别人的奴隶却耻于劳作，就像做弓的人耻于做弓，做箭的人耻于做箭。如果感到耻辱，就不如行仁。仁者像射手，射手端正自己然后发射，射不中，不怨恨超过自己的，只是反省自己罢了。"

第八章

【解 义】

本章孟子论述"与人为善"的崇高。

【原 文】

3.8 孟子曰："子路，人告之以有过，则喜。禹闻善言，则拜。大舜有大焉：善与人同，舍己从人，乐取于人以为善；自耕稼、陶、渔，以至为帝，无非取于人者。取诸人以为善，是与人为善者也，故君子莫大乎与人为善。"

【译 文】

　　孟子说:"子路,别人指出他的错误他就高兴,大禹听到善言就下拜。舜则更加伟大:善于和别人一同行善,舍己从人,乐于吸取别人的善以行善;从耕田、制陶、捕鱼一直到做了帝王,没有不是吸取别人的。取之于人以行善,是与人为善,所以君子的德行,没有比与人为善更高的。"

第九章

【解 义】

　　本章孟子评论伯夷狭隘、柳下惠玩世不恭。

【原 文】

　　3.9　孟子曰:"伯夷,非其君不事,非其友不友,不立于恶人之朝,不与恶人言。立于恶人之朝,与恶人言,如以朝衣朝冠坐于涂炭。推恶恶之心,思与乡人立,其冠不正,望望然去之,若将浼焉。是故诸侯虽有善其辞命而至者,不受也。不受也者,是亦不屑就已。

柳下惠，不羞污君，不卑小官，进不隐贤，必以其道，遗佚而不怨，阨穷而不悯，故曰：'尔为尔，我为我。虽袒裼裸裎于我侧，尔焉能浼我哉！'故由由然与之偕而不自失焉，援而止之而止。援而止之而止者，是亦不屑去已。"孟子曰："伯夷隘，柳下惠不恭。隘与不恭，君子不由也。"

【译文】

　　孟子说："伯夷，不是自己心目中的君主不事奉，不是自己心目中的朋友不结交，不到恶人当政的朝廷里做官，不与恶人讲话。到恶人当政的朝廷里做官，与恶人讲话，在他看来就像穿着朝服、戴着朝冠坐在肮脏的泥地之上。推广这厌恶恶人的心，并且推想，他和自己乡里的人在一起，假若那人帽子不正，也会掉头而去，好像会被玷污。所以诸侯们虽有好言好语来请他的，他也不接受。不接受的原因，是不屑于屈就。柳下惠，不以事奉昏君为羞耻，不以官小为卑下，出仕不掩饰自己的德行和主张，一定按所信的正道办事，被撤换也不埋怨，受穷也不忧愁，所以说：'你是你，我是我。即使你赤身裸体在我旁边，又怎能玷污我！'所以和这些人坦然相处而不堕落，要挽留他就可以把他留住。挽留就能把他留住，那是他认为不一定要离开。"孟子说："伯夷狭隘，柳下惠玩世不恭。狭隘和玩世不恭，是君子所不为的。"

第二篇(下) 公孙丑(下)

共十四章

第一章

【解义】

本章孟子论述"天时不如地利,地利不如人和"。

【原文】

4.1 孟子曰:"天时不如地利,地利不如人和。三里之城,七里之郭,环而攻之而不胜。夫环而攻之,必有得天时者矣；然而不胜者，是天时不如地利也。城非不高也，池非不深也，兵革非不坚利也，米粟非不多也，委而去之，是地利不如人和也。故曰：域民不以封疆之界，固国不以山谿之险，威天下不以兵革之利。得道者多助，失道者寡助。寡助之至，亲戚畔之，多助之至，天下顺之。以天下之所顺攻亲戚之所畔，故君子有不战，战必胜矣。"

【译 文】

孟子说："天时①不如地利，地利不如人和。三里的城，七里的郭②，包围起来进攻而不能取胜。因为围攻必定有得天时的时候；然而却不能取胜，是天时不如地利啊。城墙不是不高，护城河不是不深，武器和甲胄不是不锋利不坚固，粮食也不是不多，弃城而逃，是地利不如人和啊。所以说：防止人口外流不靠边界的限制，保护国家安全不靠山川的险要，威震天下不靠武器的精良。得道的援助者多，失道的援助者少。援助者少到极点，连亲属都会背叛，援助者多到极点，普天下都来顺从。以普天下顺从去攻连亲属都会背叛的，所以君子不战则已，战则必胜。"

---

① 天时：赵岐、朱熹都认为是用各种占卜方法推定的黄道吉日之类。
② 郭：外城。

第二章

【解 义】

本章叙述齐王慢待孟子,孟子也不见齐王的一段故事。

【原 文】

4.2　孟子将朝王。王使人来曰:"寡人如就见者也,有寒疾,不可以风。朝将视朝,不识可使寡人得见乎?"对曰:"不幸而有疾,不能造朝。"明日,出吊于东郭氏。公孙丑曰:"昔者辞以病,今日吊,或者不可乎?"曰:"昔者疾,今日愈,如之何不吊?"王使人问疾,医来,孟仲子对曰:"昔者有王命,有采薪之忧,不能造朝。今病小愈,趋造于朝,我不识能至否乎?"使数人要于路,曰:"请必无归而造于朝!"不得已而之景丑氏宿焉。景子曰:"内则父子,外则君臣,人之大伦也。父子主恩,君臣主敬。丑见王之敬子也,未见所以敬王也。"曰:"恶!是何言也!齐人无以仁义与王言者,岂以仁义为不美也?其心曰'是何足与言仁义也'云尔，则不敬莫大乎是。我非尧、舜之道，不敢以陈于王前，故齐人莫如我敬王也。"景子曰："否，非此之谓也。《礼》曰：'父召，无诺。''君命召，不俟驾。'固将朝也，闻王命而遂不果，宜与夫礼若不相似然。"曰："岂谓是与？曾子曰：'晋、楚之富，不可及也。彼以其富，我以吾仁；彼以其爵，我以吾义。吾何慊乎哉？'夫岂不义而曾子言之？是或一道也。天下有达尊三：爵一，齿一，德一。朝廷莫如爵，乡党莫如齿，辅世长民莫如德。恶得有其一以慢其二哉？故将大有为之君，必有所不召之臣；欲有谋焉，则就之。其尊德乐道，不如是不足与有为也。故汤之于伊尹，学焉而后臣之，故不劳而王。桓公之于管仲，学焉而后臣之，故不劳而霸。今天下地丑德齐，莫能相尚。无他，好臣其所教，而不好臣其所受教。汤之于伊尹，桓公之于管仲，则不敢召。管仲且犹不可召，而况不为管仲者乎？"

【译文】

孟子将朝见齐王，齐王派人来说："寡人我原本要来看您，受了点寒，怕风，不能来了。明天早上我上朝，不知可以让我见到您吗？"孟子回答："不幸我也有点病，不能上朝。"第二天，孟子到东郭家去慰问。公孙丑说："昨天推辞说有病，今天就要出门，是不是不太妥当？"孟子说："昨天病,今天好,为什么不去慰问?"齐王派人来看病,医生来了,孟仲子说:"昨天大王来了命令,他有点小病,不能上朝。今天略好一点,上朝去了,不知现在到了没有?"孟仲子派了好几个人在路上等着,对孟子说:"请一定不要回来,到朝廷上去!"不得已,孟子住到了景丑氏家。景丑说:"家里父子,在外君臣,是人伦中最重要者。父子间以恩情为主,君臣间以尊敬为主。我见大王尊敬先生您,却没见您尊敬王。"孟子说:"嗨!这是什么话!齐国没人给大王讲仁义,难道是认为仁义不好吗?而是他心里觉得'这人够不上听讲仁义的水平',要说不敬,没有比这更大的。我呢不是尧、舜之道,不敢在大王面前陈说,所以齐国人都没有我尊敬大王。"景丑说:"不,我说的不是这个。《礼经》说:'父亲召唤,来不及答应就起身。''君主召唤,来不及驾好车就走。'您本来要去朝见,听到大王的命令才没有去,这当是和礼不一样的。"孟子说:"难道你说的是这个吗?曾子说过:'晋国、楚国的富强,是赶不上的。他有他的富强,我有我的仁;他有他的官爵,我有我的义。我有什么遗憾的呢?'曾子说的难道是不义的吗?这是另一方面的道理。天下公认尊贵的东西有三样:一个是爵位,另一个是年龄,再一个是德行。朝廷最尊贵的是爵位,乡里最尊贵的是年龄,管理社会、统治百姓最尊贵的是德行。为什么齐王有了一个可以给人的爵位就轻视其他两个呢?所以大有作为的君主,必定有不召见的臣子;要谋划什么,就去拜访。他尊重德行而喜欢治国之道,不这样就不能大有作为。所以汤对于伊尹,是学了以后再以他为臣,所以不辛劳就称王天下。桓公对于管仲,学了以后再以他为臣,所以不辛劳就称霸天下。现在天下各国土地相仿、德行相似,没有谁比谁好点。没有其他原因,都是喜好用听他教导的人为臣,而不喜好用教导他的人为臣。汤对于伊尹,桓公对于管仲,就不敢召唤。管仲尚且不可召唤,何况不愿做管仲的人呢?"

第三章

【解 义】

本章叙述孟子对接受馈赠的态度。

【原 文】

4.3 陈臻问曰:"前日于齐,王馈兼金一百而不受;于宋,馈七十镒而受;于薛,馈五十镒而受。前日之不受是,则今日之受非也;今日之受是,则前日之不受非也。夫子必居一于此矣。"孟子曰:"皆是也。当在宋也,予将有远行。行者必以赆,辞曰'馈赆',予何为不受?当在薛也,予有戒心。辞曰:'闻戒,故为兵馈之。'

予何为不受？若于齐，则未有处也。无处而馈之，是货之也。焉有君子而可以货取乎？"

【译文】

陈臻问道："以前在齐国，齐王赠送上等金一百镒您不接受；在宋国，赠送七十镒您接受了；在薛地，赠送五十镒您也接受了。以前不接受若是对的，今天接受就是错的；今天接受若是对的，以前不接受就是错的。先生您二者必居其一。"孟子说："都是对的。当我在宋国的时候，将要远行。远行者必定要有旅费，宋人说'送旅费'，我为什么不接受？当我在薛地的时候，要防备坏人。薛人说：'听说您要防备坏人，所以送点买兵器钱。'我为什么不接受？但是在齐国，就没有什么理由。没有理由而馈赠钱财，那是要收买我。哪有君子可以被钱财收买的呢？"

第四章

【解义】

本章孟子批评齐国君主和大夫对国家治理不负责。

【原文】

4.4 孟子之平陆,谓其大夫曰:"子之持戟之士,一日而三失伍,则去之否乎?"曰:"不待三。""然则子之失伍也亦多矣。凶年饥岁,子之民老羸转于沟壑,壮者散而之四方者几千人矣。"曰:"此非距心之所得为也。"曰:"今有受人之牛羊而为之牧之者,则必为之求牧与刍矣。求牧与刍而不得,则反诸其人乎?抑亦立而视其死与?"曰:"此则距心之罪也。"他日,见于王,曰:"王之为都者,臣知五人焉。知其罪者,惟孔距心。"为王诵之。王曰:"此则寡人之罪也。"

【译文】

孟子到平陆,对平陆的长官说:"如果您的战士一天三次掉队,您杀他吗?"回答说:"不必等三次。""可是您'掉队'的事就多了。灾年饥岁,您的百姓老弱饿死于荒山野沟,年轻力壮者逃亡到四面八方的,有上千人了。"答:"这不是我孔距心力所能及的。"孟子说:"假如有人接受了人家的牛羊替人放牧,他一定要去寻找牧场和草料。若是找不到牧场和草料,是把牛羊还给人家呢,还是眼睁睁地看着牛羊饿死?"答:"这是我孔距心的罪过。"后来,见到了齐王,孟子说:"大王的地方长官,我认识五个。知道自己罪过的,只有孔距心。"孟子向齐王讲述了对话的内容。齐王说:"这是寡人我的罪过。"

第五章

【解 义】

本章孟子讲述自己对于处官的态度。

【原 文】

4.5　孟子谓蚳蛙曰:"子之辞灵丘而请士师,似也,为其可以言也。今既数月矣,未可以言与?"蚳蛙谏于王而不用,致为臣而去。齐人曰:"所以为蚳蛙则善矣,所以自为,则吾不知也。"公都子以告。曰:"吾闻之也:有官守者,不得其职则去;有言责者,不得其言则去。我无官守,我无言责也,则吾进退岂不绰绰然有余裕哉?"

【译 文】

孟子对蚳蛙说:"您请求辞去灵丘长官而做士师是可以理解的,因为士师可以向君王进言。现在几个月过去了,还不能够进言吗?"蚳蛙向齐王进谏而齐王不听,就辞官走了。齐国人说:"他这样教蚳蛙是对的,他自己的做法,我们就不理解了。"公都子把这话告诉孟子。孟子说:"我听说:有官有职的,无法尽职就辞职;有进言责任的,建议不被采纳就辞职。我没具体职责,也没有进言的责任,我要留要走岂不是绰绰有余地吗?"

第六章

【解义】

本章叙述孟子对下属独断专行的态度。

【原文】

4.6 孟子为卿于齐,出吊于滕。王使盖大夫王驩为辅行。王驩朝暮见,反齐、滕之路,未尝与之言行事也。公孙丑曰:"齐卿之位,不为小矣。齐、滕之路,不为近矣。反之而未尝与言行事,何也?"曰:"夫既或治之,予何言哉?"

【译 文】

　　孟子在齐作卿,到滕国吊丧。齐王派盖地长官王驩做副使,王驩和孟子朝夕相处,从齐到滕又返回,孟子没和王驩谈过出使的事。公孙丑问:"齐卿这个位置,不算小了。齐、滕之间的路途,不算近了。来去您都不和他谈公事,为什么呢?"孟子说:"他什么事都自己办了,我还说什么呢?"

第七章

【解 义】

　　本章孟子叙述自己厚葬母亲的理由,并认为厚葬父母是对的。

【原 文】

　　4.7　孟子自齐葬于鲁。反于齐,止于嬴。充虞请曰:"前日不知虞之不肖,使虞敦匠,事严,虞不敢请。今愿窃有请也:木若以美然。"曰:"古者棺椁无度。中古棺七寸,椁称之。自天子达于庶人,非直为观美也，然后尽于人心。不得，不可以为悦；无财，不可以为悦。得之为有财，古之人皆用之，吾何为独不然？且比化者，无使土亲肤，于人心独无恔乎？吾闻之也：君子不以天下俭其亲。"

【译　文】

孟子从齐国回鲁国葬母。返回齐国时，在嬴地停歇。充虞恭敬地问道："前几天先生不嫌我无能，让我监造棺木，事情紧急，我不敢多问。现在希望能向先生请教：棺木似乎过分好了。"孟子说："上古的棺椁没有什么规定。中古规定棺厚七寸，椁也如此。从天子到普通百姓都是这样，不只是为了美观，而是这样人们才觉得尽心。按规定不许可，心里就不能满意；没钱买，心里也不能满意。规定允许又有钱买，古人都这么做了，我为什么不这样？况且对于死者，不让泥土沾染肌肤，生者之心能不感到安慰吗？我听说过：君子不为了天下而在父母身上俭省。"

第八章

【解　义】

本章叙述孟子主张讨伐燕国，以及他为自己主张所做的辩护。

【原文】

4.8 沈同以其私问曰:"燕可伐与?"孟子曰:"可。子哙不得与人燕,子之不得受燕于子哙。有仕于此,而子悦之,不告于王而私与之吾子之禄爵。夫士也,亦无王命而私受之于子,则可乎?何以异于是?"齐人伐燕。或问曰:"劝齐伐燕,有诸?"曰:"未也。沈同问:'燕可伐与?'吾应之曰:'可。'彼然而伐之也。彼如曰:'孰可以伐之?'则将应之曰:'为天吏,则可以伐之。'今有杀人者,或问之曰:'人可杀与?'则将应之曰:'可。'彼如曰:'孰可以杀之?'则将应之曰:'为士师,则可以杀之。'今以燕伐燕,何为劝之哉?"

【译文】

沈同私下问孟子:"可以讨伐燕国吗?"孟子说:"可以。燕王子哙不应该把燕国送给别人,子之也不该从子哙手里接受燕国。假如有个要做官的,您喜欢他,不请示齐王就把您的爵位俸禄给了他。而那个要做官的,也没有齐王的任命就私自接受了您的官爵,这可以吗?燕国的事和这有什么区别?"齐国讨伐燕国。有人问孟子:"您鼓励齐国讨伐燕国,是吗?"答:"没有。沈同问我:'可以讨伐燕国吗?'我回答说:'可以。'他认为正确就去讨伐了。他假如再问:'谁可以讨伐?'我就会说：'只有作为天吏，才可以讨伐。'现在有个杀人犯，假若有人问：'这人可杀吗？'我将回答：'可杀。'他假如再问：'谁可以杀？'我就会说：'只有作为士师，才可以杀。'现在是和燕人同样作为的人去伐燕，我何苦劝说他呢？"

第九章

【解义】

本章孟子批评齐国大夫陈贾为齐国伐燕文饰、辩护。

【原文】

4.9　燕人畔。王曰："吾甚惭于孟子。"陈贾曰："王无患焉。王自以为与周公孰仁且智？"王曰："恶！是何言也！"曰："周公使管叔监殷，管叔以殷畔。知而使之，是不仁也；不知而使之，是不智也。仁、智，周公未之尽也，而况于王乎？贾请见而解之。"见孟子，问曰："周公何人也？"曰："古圣人也。"曰："使管叔监殷，管叔以殷畔也。有诸？"曰："然。"曰："周公知其将畔而使之与？"曰："不知也。""然则圣人且有过与？"

曰:"周公,弟也;管叔,兄也。周公之过,不亦宜乎!且古之君子,过则改之;今之君子,过则顺之。古之君子,其过也,如日月之食,民皆见之;及其更也,民皆仰之。今之君子,岂徒顺之?又从为之辞。"

【译 文】

　　燕人反抗齐国。齐王说:"对于孟子,我感到很惭愧。"陈贾说:"大王不必忧虑。大王您自认为和周公相比谁更仁智?"齐王说:"嗨!这是什么话?"陈贾说:"周王让管叔监管殷朝遗民,管叔却借着殷朝遗民叛乱。如果知道管叔会叛乱而使用他,是不仁;不知道而使用他,是不智。仁和智,周公都不能做得尽善尽美,何况大王您呢?我去向孟子当面解释。"见到孟子,陈贾问:"周公是什么样的人?"答:"古代的圣人。"问:"他派管叔监管殷民,管叔就借助殷民叛乱。是吗?"答:"是的。"问:"周公知道他会叛乱而派他去的吗?"答:"不知道。""那么圣人也有过错了?"孟子回答:"周公是弟,管叔是兄,周公的过错,不是可以理解的吗?况且古代的君子,有了过错就改正;今天的君子,知道错了还要干。古代的君子,他的过错像日月被蚀,百姓们都看得见;他改正的时候,百姓们都仰望着他。今天的君子,哪里只是错了还要干?而且还花言巧语加以文饰。"

第十章

【解 义】

本章叙述孟子为什么不让齐王把自己养起来。

【原 文】

4.10 孟子致为臣而归。王就见孟子,曰:"前日愿见而不可得,得侍同朝,甚喜。今又弃寡人而归,不识可以继此而得见乎?"对曰:"不敢请耳,固所愿也。"他日,王谓时子曰:"我欲中国而授孟子室,养弟子以万钟,使诸大夫国人皆有所矜式,子盍为我言之?"时子因陈子而以告孟子,陈子以时子之言告孟子。孟子曰:"然。夫时子恶知其不可也?如使予欲富,辞十万而受万,是为欲富乎?季孙曰:'异哉!子叔疑!使己为政,不用,则亦已矣,又使其子弟为卿。人亦孰不欲富贵?而独于富贵之中,有私龙断焉。'古之为市也,以其所有,易其所无者,有司者治之耳。有贱丈夫焉,必求龙断而登之,以左右望而罔市利。人皆以为贱,故从而征之。征商自此贱丈夫始矣。"

【译文】

孟子辞官要走。齐王来拜访孟子,说:"以前希望见您却不能够,后来能在朝廷共事,我很高兴。现在您要丢开我回去了,不知以后还能相见吗?"孟子回答:"我不敢请求这样,但我希望如此。"几天后,齐王对时子说:"我想在城内中心地带给孟子一套房子,给他万钟粮食来养活弟子,使诸位大夫和城中百姓都有个效法的榜样,请您替我传个话好吗?"时子托陈子转告孟子,陈子把时子的话告诉了孟子。孟子说:"嗯。时子怎能知道这是不可以的呢?假如我是求富,辞去十万钟的俸禄而接受一万,这是为了求富吗?季孙说过:'子叔疑真怪!① 自己要从政,人家不用,这就算了吧,又让自己的子弟做卿大夫。人谁不想富贵?可他自己却想把求富贵的事独个垄断起来。'古代设置市场,是让人们用自己所有的,去交换所没有的,有专门官员进行管理。却有一种卑鄙小人,一定要登到高高的断垄之上,左右观望要网罗所有的利益。人们都认为这种家伙卑鄙,所以征他的税。向商人征税,就是从这种垄断市场的小人开始的。"

---

① 朱熹《四书集注》说,不知季孙和子叔疑是什么时代的人。这个季孙,不是鲁国"四分公室"的季孙氏。

第十一章

【解义】

本章孟子批评替齐王劝说孟子留下的人是不为长者考虑。

【原文】

4.11 孟子去齐,宿于昼。有欲为王留行者,坐而言。不应,隐几而卧。客不悦,曰:"弟子齐宿而后敢言,夫子卧而不听,请勿复敢见矣。"曰:"坐。我明语子。昔者鲁缪公无人乎子思之侧,则不能安子思。泄柳、申详,无人乎缪公之侧,则不能安其身。子为长者虑,而不及子思。子绝长者乎?长者绝子乎?"

【译文】

孟子离开齐国,住在昼地。有个想替齐王留住孟子的人,坐下和孟子说话。孟子不理他,伏在几案上打瞌睡。那人很不高兴,说:"弟子我斋戒了一夜才敢说话,先生您却打瞌睡不听我说,以后再不敢来见您了。"孟子说:"坐下。我明白告诉您。过去鲁缪公若不派人在子思身旁侍候，就不能留住子思。泄柳、申详①，若没人在缪公身边替他们说话，就不能使自己身安。而您为我这个老头子考虑，却还赶不上鲁缪公对子思。是您自绝于我这个老头子呢？还是我这个老头子要拒绝您呢？"

第十二章

【解 义】

本章孟子叙述自己辞官后为什么没有迅速离开齐国。

【原 文】

4.12　孟子去齐。尹士语人曰："不识王之不可以为汤、武，则是不明也。识其不可，然且至，则是干泽也。千里而见王，不遇故去。三宿而后出昼，是何濡滞也？士则兹不悦。"高子以告。曰："夫尹士恶知予哉？千里而见王，是予所欲也。不遇故去，岂予所欲哉？予不得

---

① 泄柳：鲁国人。申详：孔子弟子子张的儿子。

已也。予三宿而出昼，于予心犹以为速。王庶几改之。王如改诸，则必反予。夫出昼而王不予追也，予然后浩然有归志。予虽然，岂舍王哉？王由足用为善。王如用予，则岂徒齐民安，天下之民举安。王庶几改之，予日望之。予岂若是小丈夫然哉？谏于其君而不受，则怒，悻悻然见于其面，去则穷日之力而后宿哉？"尹士闻之，曰："士诚小人也。"

【译　文】

孟子离开齐国，尹士①对人说："不知道齐王不可以做汤、武那样的人，就是不明智。知道齐王不行，还是要来，就是为求富贵。千里迢迢来见齐王，不相投合而离开，在昼地歇了三天才走，为什么迟滞呢？我对此很不高兴。"高子②把这话告诉孟子。孟子说："尹士如何能了解我呢？千里迢迢来见齐王，那是我愿来。不相投合而离开，难道是我愿走吗？我不得已。我歇了三天才离开昼地，我心里还以为太快。心想齐王或许会改变主意。齐王如改变主意，就一定会召我回去。出了昼地而齐王还不追我，我然后才毫不留恋地有回乡之心。虽然如此，难道能丢开齐王吗？齐王还是完全可以向善的。齐王如果用我，不只是齐国百姓安乐，天下的百姓都会安乐。齐王或许

---

① 尹士：齐国人。
② 高子：也是齐国人，孟子弟子。

会改变主意,我天天盼望着。我岂是像尹士说的那种小丈夫?向他的君主进谏不被采纳就发怒,并且悻悻然见于脸色,离开时非要走得精疲力尽才找地方住下?"尹士听到了这些话,说:"我真是个小人啊。"

第十三章

【解义】

本章孟子论断"五百年必有王者兴",认为当时的局势,要平治天下,除了自己再没有别人。

【原文】

4.13 孟子去齐,充虞路问曰:"夫子若有不豫色然。前日虞闻诸夫子曰:'君子不怨天,不尤人。'"曰:"彼一时,此一时也。五百年必有王者兴,其间必有名世者。由周而来,七百有余岁矣。以其数,则过矣;以其时考之,则可矣。夫天未欲平治天下也,如欲平治天下,当今之世,舍我其谁也?吾何为不豫哉?"

【译文】

孟子离开齐国,充虞在路上问道:"先生您好像有些不高兴。以前我听先生您说过:'君子不怨恨天,不埋怨人。'"孟子说:"彼一时,此一时也。五百年必有王者兴起,这一时期必定有德才盖世的人出现。从周初到现在,七百多年了。论年数,已超过了;考察现在的时势,正是可有作为的。天还没有想平治天下,如果想平治天下,当今这个时代,除了我还有谁呢?我又为什么不高兴呢?"

第十四章

【解 义】

本章孟子叙述自己长期留在齐国只是不得已。

【原 文】

4.14 孟子去齐,居休。公孙丑问曰:"仕而不受禄,古之道乎?"曰:"非也。于崇,吾得见王,退而有去志,不欲变,故不受也。继而有师命,不可以请。久于齐，非我志也。"

【译文】

　　孟子离开齐国，住在休地。公孙丑问道："做官却不受俸禄，是古代的规矩吗？"孟子说："不是的。在崇地，我得以见到齐王，会见以后就想离开，并且不想改变，所以不受俸禄。后来就有了战事，这时不能辞行。长久留在齐国，不是我的愿望。"

第三篇（上） 滕文公（上）

共五章

【解　题】

　　滕文公是滕国君主。本篇继续论述王道仁政，并进一步说明了王道仁政的具体内容。其中包括对井田制的论述。后世每当乱世初平，儒者们常常希望能恢复这样的田制，以解决成为封建时代痼疾的土地兼并问题。孟子还批评了"为神农之言者许行"，认为"劳心者治人，劳力者治于人"是必然的社会分工；批评杨、墨两家学说，认为他们是"无父""无君"之论。本篇还首次提出了"人性善"的命题。

第一章

【解 义】

　　本章首次提出"人性善"的命题。并且认为，人们应当努力成为像尧、舜、文王那样的圣贤。因为人性本善，成为那样的圣贤是可能的。

【原 文】

　　5.1　滕文公为世子，将之楚，过宋而见孟子。孟子道性善，言必称尧、舜。世子自楚反，复见孟子。孟子曰："世子疑吾言乎？夫道一而已矣。成覵谓齐景公曰：'彼丈夫也，我丈夫也，吾何畏彼哉？'颜渊曰：'舜何？人也。予何？人也。有为者亦若是。'公明仪曰：'文王，我师也。周公岂欺我哉？'今滕，绝长补短将五十里也，犹可以为善国。《书》曰：'若药不瞑眩，厥疾不瘳。'"

【译 文】

　　滕文公做太子，将出访楚国，从宋国经过时会见了孟子。

孟子对他讲人性善,言必称尧、舜。太子从楚国回来,又见到孟子。孟子说:"太子怀疑我的话吗?道只有一个。成覸说到齐景公,说:'他是一条汉子,我也是一条汉子,我怕他做什么?'颜渊说:'舜是什么?是人。我是什么?是人。有为的也应该像舜一样。'公明仪说:'文王,是我的老师。周公这话难道会骗我们?'如今的滕国,截长补短,纵横都将近五十里,还可以成为政治优良之国。《尚书·说命》篇道:'假如药物不能让人头晕目眩,这病就好不了。'"

第二章

【解 义】

本章孟子论丧礼。

【原 文】

5.2 滕定公薨,世子谓然友曰:"昔者孟子尝与我言于宋,于心终不忘。今也不幸至于大故,吾欲使子问于孟子,然后行事。"然友之邹问于孟子。孟子曰:"不亦善乎!亲丧固所自尽也。曾子曰:'生,事之以礼;

死,葬之以礼,祭之以礼。可谓孝矣。'诸侯之礼,吾未之学也。虽然,吾尝闻之矣。三年之丧,齐疏之服,飦粥之食,自天子达于庶人,三代共之。"然友反命,定为三年之丧。父兄百官皆不欲,曰:"吾宗国鲁先君莫之行,吾先君亦莫之行也,至于子之身而反之,不可。且《志》曰:'丧祭从先祖。'曰:'吾有所受之也。'"谓然友曰:"吾他日未尝学问,好驰马试剑。今也父兄百官不我足也,恐其不能尽于大事,子为我问孟子。"然友复之邹问孟子。孟子曰:"然,不可以他求者也。孔子曰:'君薨,听于冢宰,歠粥,面深墨,即位而哭。百官有司莫敢不哀,先之也。'上有好者,下必有甚焉者矣。'君子之德,风也;小人之德,草也。草尚之风,必偃。'是在世子。"然友反命。世子曰:"然,是诚在我。"五月居庐,未有命戒。百官族人可,谓曰知。及至葬,四方来观之。颜色之戚,哭泣之哀,吊者大悦。

【译 文】

滕定公死,太子(滕文公)对然友说:"过去孟子曾和我在宋国交谈过,我心里总是忘不了。今天不幸遭受大丧,我想让先生您去问问孟子,然后再举行丧礼。"然友到了邹国,向孟子请教。孟子说:"非常好啊!父亲去世,原本是应该尽自己心的。曾子说:'生前,以礼事奉他;去世,以礼安葬他，以礼祭奠他。可算是孝了。'诸侯的礼，我没有学过。虽然如此，我还是听说了一点。守丧三年，穿粗布孝服，吃粥和粗劣的饭食，从天子到普通百姓都一样，这是夏商周三代共有的制度。"然友回来向滕文公报告，确定守丧三年。亲属百官都不愿意，说："我们同宗的鲁国，历代君主都没实行过，我们以前的君主们也没实行过，到你这里给反了过来，是不可以的。况且《志》书记载：'丧祭之礼遵从先祖。'还说：'我们应该继承这些规矩。'"滕文公对然友说："我过去不曾读书问学，只喜欢骑马击剑。现在亲属百官都觉得我不能让他们满意，怕他们不能尽心办好丧事①，请您再替我去问问孟子。"然友又到邹国去问孟子。孟子说："是的，这是不可求之于他人的。孔子说：'国君去世，一切都听从宰相，只喝稀粥，脸色黑瘦，就孝子之位而哭。百官及有关部门没人敢不悲哀，因为太子率先实行了。'上面喜好什么，下面必定更加如此。'君子的德行，是风；小人的德行，是草。草上有了风，必定倒伏。'关键在太子自己。"然友回来报告，太子说："是的，确实是在我自己。"太子住在丧庐中五个月，没有发布什么命令。百官和宗族的人都赞同，说太子知礼。到埋葬的时候，四面八方的人都来观看。太子面色悲伤，哭泣哀痛，吊丧的人都很满意。

---

① 古代对丧事极其重视，所以原文称丧事为"大事"。

第三章

【解 义】

本章孟子对滕文公论述王道、仁政,王政的基本内容是井田制。朱熹认为孟子所说有许多想象成分,古代不会如此整齐。

【原 文】

5.3　滕文公问为国。孟子曰:"民事不可缓也。《诗》云:'昼尔于茅,宵尔索绹。亟其乘屋,其始播百谷。'民之为道也,有恒产者有恒心,无恒产者无恒心。苟无恒心,放辟邪侈,无不为已。及陷乎罪,然后从而刑之,是罔民也。焉有仁人在位罔民而可为也?是故贤君必恭俭礼下,取于民有制。阳虎曰:'为富不仁矣,为仁不富矣。'夏后氏五十而贡,殷人七十而助,周人百亩而彻,其实皆什一也。彻者,彻也;助者,藉也。龙子曰:'治地莫善于助,莫不善于贡。'贡者,校数岁之中以为常。乐岁,粒米狼戾,多取之而不为虐,则寡取之;

凶年，粪其田而不足，则必取盈焉。为民父母，使民盻盻然，将终岁勤动，不得以养其父母，又称贷而益之。使老稚转乎沟壑，恶在其为民父母也？夫世禄，滕固行之矣。《诗》云：'雨我公田，遂及我私。'惟助为有公田。由此观之，虽周亦助也。设为庠序学校以教之。庠者，养也；校者，教也；序者，射也。夏曰校，殷曰序，周曰庠，学则三代共之，皆所以明人伦也。人伦明于上，小民亲于下。有王者起，必来取法，是为王者师也。《诗》云：'周虽旧邦，其命惟新。'文王之谓也。子力行之，亦以新子之国！"

使毕战问井地。孟子曰："子之君将行仁政，选择而使子，子必勉之！夫仁政，必自经界始。经界不正，井地不钧，谷禄不平，是故暴君污吏必慢其经界。经界既正，分田制禄可坐而定也。夫滕壤地褊小，将为君子焉，将为野人焉。无君子，莫治野人；无野人，莫养君子。请野九一而助，国中什一使自赋。卿以下必有圭田，圭田五十亩。余夫二十五亩。死徙无出乡，乡田同井，出入相友，守望相助，疾病相扶持，则百姓亲睦。方里而井，井九百亩，其中为公田，八家皆私百亩，同养公田。公事毕，然后敢治私事，所以别野人也。此其大略也。若夫润泽之，则在君与子矣。"

【译文】

滕文公请教如何治国。孟子说:"民事不可以不重视。《诗经·七月》篇道:'白天割茅草,晚上搓绳子。赶紧修缮房屋,马上就要种谷了。'百姓们的行事之道,有稳定的财产才有稳定的心,没有稳定的财产就没有稳定的心。假如没有稳定的心,就邪门歪道无所不为。等到构成罪行,然后再用刑罚,这是愚弄百姓。哪有仁人当政可以愚弄百姓的呢?所以贤明的君主必定是谦恭俭省,礼贤下士,收税有一定的制度。阳虎①说:'求富的人不仁,求仁的人不富。'夏代以五十亩为单位实行贡法,殷代七十亩为单位实行助法,周代一百亩为单位实行彻法,其实税率都不过十分之一。彻的意思,是普遍而均平;助,就是借助。龙子②说:'管理农业没有比助法更好的,没有比贡法更糟的。'贡法,是比较若干年的情况以后,定下一个常数。这样一来,丰收的年份,粮食到处抛撒,多收一点不算暴虐,可是按贡法却不多收;灾荒年份,即使施了很多肥料,收的粮食也不够吃,却一定要收够那个常数。作为百姓的父母,却让百姓惨兮兮的,辛苦一年,不能够养活父母,还要借债交税。使老弱饿死在荒山野沟,这算什么百姓的父母?世禄的制度,滕国已经实行了。《诗经·大田》

---

① 阳虎:即阳货,春秋末年鲁国大夫季氏的家臣,和孔子是同时代人。参阅《论语·阳货》。
② 龙子:朱熹说是古代的一位贤人。

篇说:'给公田里下雨,也顾及了我的私田。'只有助法才有公田。由此看来,即使周代也实行的是助法。设立庠、序、学、校以教育百姓。庠就是养老,校就是教导,序就是射击。夏代叫校,殷代叫序,周代叫庠,学则是三代共同的,都是为了显明人伦的。人伦显明于上,下面的小百姓们就和您亲近。假若有王者兴起,必定实行这样的制度,这样就可以作为王者的老师。《诗经·文王》篇说:'周国虽然古老,却是新接受了天命。'这说的是文王啊。您努力实行,也使您的国新受天命。"

滕文公又派毕战询问井田事。孟子说:"您的君主要行仁政,选择您来问,您要努力啊!行仁政,一定从田界开始。田界不订正,井田就不均匀,用作俸禄的田租就不公平,所以暴虐的君主以及贪官污吏一定要破坏田界。订正了田界,分配田地,制订俸禄,就比较容易了。况且滕国虽然土地狭小,却也有人要做君子,有人要做农夫。没有君子就没人管理农夫,没有农夫就没人供养君子。请对郊外的田地实行九分抽一的助法,城里实行十分抽一的税率。卿以下,一定有祭田,祭田每家五十亩。农夫家中多余的男劳动力,每人二十五亩。死后埋葬或者生前搬家,都不离开本乡,同乡共井的人们,出入互相友爱,防匪防贼互相帮助,有病互相照顾,这样百姓就亲爱和睦。每一方里为一井,每井九百亩,其中央为公田,八家每家一百亩为私田,共同耕种公田。公田耕种完毕,然后才可以耕种私田,以此使君子和农夫有所区别。这是大概情况。至于因时因地制宜，那就是您和您君主的事了。"

第四章

【解义】

本章孟子批评"为神农之言者许行"倡导的"贤者与民并耕"的主张，认为社会的分工和交换是合理的，并因此提出了"劳心者治人，劳力者治于人"的主张，影响深远。

【原文】

5.4 有为神农之言者许行，自楚之滕，踵门而告文公曰："远方之人闻君行仁政，愿受一廛而为氓。"文公与之处。其徒数十人，皆衣褐、捆屦、织席以为食。陈良之徒陈相与其弟辛，负耒耜而自宋之滕，曰："闻君行圣人之政，是亦圣人也，愿为圣人氓。"陈相见许行而大悦，尽弃其学而学焉。

陈相见孟子，道许行之言曰："滕君则诚贤君也，虽然，未闻道也。贤者与民并耕而食，饔飧而治。今也滕有仓廪府库，则是厉民而以自养也，恶得贤？"孟子曰：

"许子必种粟而后食乎?"曰:"然。""许子必织布而后衣乎?"曰:"否。许子衣褐。""许子冠乎?"曰:"冠。"曰:"奚冠?"曰:"冠素。"曰:"自织之与?"曰:"否。以粟易之。"曰:"许子奚为不自织?"曰:"害于耕。"曰:"许子以釜甑爨,以铁耕乎?"曰:"然。""自为之与?"曰:"否。以粟易之。""以粟易械器者,不为厉陶冶;陶冶亦以其械器易粟者,岂为厉农夫哉?且许子何不为陶冶,舍皆取诸其宫中而用之?何为纷纷然与百工交易?何许子之不惮烦?"曰:"百工之事,固不可耕且为也。""然则治天下独可耕且为与?有大人之事,有小人之事。且一人之身,而百工之所为备,如必自为而后用之,是率天下而路也。故曰:或劳心,或劳力。劳心者治人,劳力者治于人;治于人者食人,治人者食于人。天下之通义也。

"当尧之时,天下犹未平。洪水横流,汜滥于天下。草木畅茂,禽兽繁殖,五谷不登,禽兽偪人。兽蹄鸟迹之道交于中国。尧独忧之,举舜而敷治焉。舜使益掌火,益烈山泽而焚之,禽兽逃匿。禹疏九河,瀹济、漯而注诸海,决汝、汉,排淮、泗而注之江,然后中国可得而食也。当是时也,禹八年于外,三过其门而不入,虽欲耕,得乎?后稷教民稼墙,树艺五谷,五谷熟而民人育。人之有道也,饱食、暖衣、逸居而无教,则近于禽兽。圣人有忧之，使契为司徒，教以人伦，父子有亲，君臣有义，夫妇有别，长幼有序，朋友有信。放勋曰：'劳之来之，匡之直之，辅之翼之，使自得之，又从而振德之。'圣人之忧民如此，而暇耕乎？尧以不得舜为己忧，舜以不得禹、皋陶为己忧。夫以百亩之不易为己忧者，农夫也。分人以财谓之惠，教人以善谓之忠，为天下得人者谓之仁。是故以天下与人易，为天下得人难。孔子曰：'大哉尧之为君！惟天为大，惟尧则之，荡荡乎民无能名焉！君哉舜也！巍巍乎有天下而不与焉！'尧、舜之治天下，岂无所用其心哉？亦不用于耕耳。

"吾闻用夏变夷者，未闻变于夷者也。陈良，楚产也，悦周公、仲尼之道，北学于中国。北方之学者，未能或之先也。彼所谓豪杰之士也。子之兄弟事之数十年，师死而遂倍之。昔者孔子没，三年之外，门人治任将归，入揖于子贡，相向而哭，皆失声，然后归。子贡反，筑室于场，独居三年，然后归。他日，子夏、子张、子游以有若似圣人，欲以所事孔子事之，强曾子。曾子曰：'不可。江汉以濯之，秋阳以暴之，皜皜乎不可尚已。'今也南蛮鴃舌之人，非先王之道。子倍子之师而学之，亦异于曾子矣。吾闻出于幽谷迁于乔木者，未闻下乔木而入于幽谷者。《鲁颂》曰：'戎狄是膺，荆舒是惩。'周公方且膺之，子是之学，亦为不善变矣。

"从许子之道，则市贾不贰，国中无伪。虽使五尺之童适市，莫之或欺。布帛长短同，则贾相若；麻缕丝絮轻重同，则贾相若；五谷多寡同，则贾相若；屦大小同，则贾相若。"

曰："夫物之不齐，物之情也。或相倍蓰，或相什百，或相千万。子比而同之，是乱天下也。巨屦小屦同贾，人岂为之哉？从许子之道，相率而为伪者也，恶能治国家？"

【译文】

有个研究神农氏学说的人叫许行，从楚国来到滕国，登门对文公说："我这个偏远地方的人，听说您行仁政，希望有个安身之地做您的百姓。"滕文公给了他一所房子。他的门徒几十个，都穿着粗布衣，靠编草鞋、织席谋生。陈良的门徒陈相和他的弟弟陈辛，扛着耒耜从宋国来到滕国，对滕文公说："听说君主您实行圣人的政治，那就也是圣人了，我愿做圣人的百姓。"陈相见到许行非常高兴，完全抛弃了自己以前所学的而向许行学习。

陈相见到孟子，转述许行的主张，说："滕文公真是个贤明的君主，不过还没有得道。贤明的君主应和百姓一起耕作以谋取衣食，自带餐饭来治理国家。现在滕国有粮仓府库，就是危害百姓来养活自己，怎能叫作做贤明？"孟子问："许子一定自己种地谋取饭食吗?"答:"是的。""许子一定自己织布以谋取衣服吗?"答:"不。许子穿粗布衣。""许子戴冠吗?"答:"戴冠。"问:"什么冠?"答:"素冠。"问:"自己织的吗?"答:"不,用粮食换的。"问:"许子为什么不自己织?"答:"妨碍耕地。"问:"许子用铁锅瓦甑做饭,用铁器耕地吗?"答:"是的。""自己做的吗?"答:"不。用粮食换的。""用粮食换工具器皿,不算危害治陶者冶铁者;治陶者冶铁者也用他们的工具器皿换粮食,难道是危害农夫吗?况且许子为什么自己不去弄个制陶冶炼的场所,一切都用自己家里制造的?为什么要忙忙碌碌和百工交换?许子是多么地不怕麻烦"?答:"百工的事本来就不是可以一边耕田一边做得了的。""那么,治理天下就单单可以一边耕田一边去做吗?有大人的事,有小人的事。况且一个人的身上,百工的工作样样具备,如果一定要自己做的东西才用,这是率领天下人疲于奔命。所以说:有劳心的人,有劳力的人。劳心的治理别人,劳力的被人治理;被人治理的养活别人,治理人的被人养活。这是天下通行的道理。"

"当尧的时候,天下还不安定。洪水横流,在天下泛滥。草木茂盛,禽兽遍地,粮食不成熟,野兽危害人。兽蹄鸟爪踏成的道路纵横交错。尧非常忧虑,提拔舜进行治理。舜派益掌管火,益放火焚烧山野沼泽的草木,禽兽都逃跑隐藏起来。派禹疏通九河,治理济水和漯水,使它们流入大海,掘通汝水、汉水,挖开淮河、泗水,让它们流入长江,然后中原一带才可以生产粮食。这个时候，禹八年在外，三次路过家门都不进去，即使他想耕种，办得到吗？后稷教百姓种地，播种五谷，五谷成熟，百姓们有了粮吃。人有自己的规律，吃饱、穿暖、住得舒适，假如不受教化，就会和禽兽差不多。圣人又为此忧虑，派契做司徒，用人伦教化百姓，使父子相亲爱，君臣有礼义，夫妇有男女之别，老少有尊卑秩序，朋友讲究忠信。尧说：'劳力的让他们劳动，归附的要进行安抚，邪恶的要进行纠正，走歪道的使他们正直，帮助他们自立，协助他们实行，使他们自己悟得本来善性，又从而激励他们向善。'圣人为百姓谋划是这样的操劳，他有闲暇去种田吗？尧把得不到舜作为自己的忧愁，舜把得不到禹和皋陶作为自己的忧愁。那些把百亩田地没有种好作为自己忧愁的，是农夫。把钱财分给别人叫作做惠，用善行教导别人叫作做忠，为天下物色人才叫作做仁。所以把天下给人容易，为天下得到人才困难。孔子说：'尧作为君主真伟大啊！只有天最伟大，只有尧效法天，尧的德行广大啊！百姓们不知该用什么词汇赞美他。舜是个优秀的君主啊！统治着天下却不干涉具体事务。'尧、舜治理天下难道是无所用心的吗？只是不用于耕田罢了。

"我听说用华夏去改变夷狄的，没听说被夷狄改变的。陈良，是楚国的人，喜欢周公、孔子之道，到北方中原来学习。北方的学者，没有能超过他的。他就是那种豪杰之士。你们兄弟二人跟着他几十年，老师死了你们就背叛他。过去孔子去世，三年之后，弟子们收拾行李将要回去，进去向子贡作揖告别,相对哭泣,都失声悲痛,然后分别。子贡又回到墓上,独自在墓旁修了个居室,住了三年,然后回家。过了一些日子,子夏、子张、子游因为有若像圣人,就想像事奉孔子一样事奉有若,逼着曾子同意。曾子说:'不可以。长江、汉水洗濯过的,秋天的阳光曝晒过的,夫子的高洁是无以复加的。'现在南蛮一个语音都不正的人诋毁先王之道,您就背叛了您的老师而向他学习,您和曾子是太不相同了。我听说鸟儿飞出幽暗的深谷迁到高大的乔木之上;没听说过鸟儿飞下高大的乔木迁到幽暗的深谷之内。《诗经·鲁颂·閟宫》篇说:'对戎狄要加以进攻,对楚国舒国要进行严惩。'周公要进攻他们,您却要学习这些,这是不知道自己该向哪个方面变了。

"按许子的办法,市场上就没有两个价格,城里就不会有人作假。即使让小孩子去买东西,也没有人欺骗他。布帛的长度相同,价钱就一样;丝、麻重量相同,价钱就一样;粮食多少相同,价钱就一样;鞋子大小相同,价钱就一样。"

孟子说:"物与物不同,是物的本性。其价格有的相差一倍五倍,有的相差十倍百倍,有的相差千倍万倍。您让它们一律相等,这是扰乱天下。好鞋坏鞋同价,谁还做好的呢?按许子的办法,就要互相进行欺骗,怎能治理国家?"

第五章

【解 义】

本章孟子论述儒家仁爱和墨家兼爱的差别。

【原 文】

5.5 墨者夷之因徐辟而求见孟子。孟子曰:"吾固愿见。今吾尚病,病愈,我且往见。夷子不来!"他日,又求见孟子。孟子曰:"吾今则可以见矣。不直则道不见,我且直之。吾闻夷子墨者,墨之治丧也,以薄为其道也。夷子思以易天下,岂以为非是而不贵也?然而夷子葬其亲厚,则是以所贱事亲也。"徐子以告夷子。夷子曰:"儒者之道,古之人'若保赤子',此言何谓也?之则以为爱无差等,施由亲始。"徐子以告孟子。孟子曰:"夫夷子,信以为人之亲其兄之子,为若亲其邻之赤子乎?彼有取尔也。赤子匍匐将入井,非赤子之罪也。且天之生物也,使之一本,而夷子二本故也。盖上世尝有不葬其亲者,其亲死,则举而委之于壑。他日过之，狐狸食之，蝇蚋姑嘬之。其颡有泚，睨而不视。夫泚也，非为人泚，中心达于面目。盖归反蔂梩而掩之。掩之诚是也，则孝子仁人之掩其亲，亦必有道矣。"徐子以告夷子。夷子怃然为间，曰："命之矣！"

【译文】

　　墨家信徒夷之通过徐辟要求拜访孟子。孟子说："我是愿意见他的，只是现在我正好有病，等病好了，我就去看他。夷之就不必来了！"过了几天，又要求拜访孟子。孟子说："现在我可以见他了。不过，不直说道就显现不出，我就直说吧。我听说夷子是个墨者，墨家办丧事，以省俭为原则。夷子还想用这个原则改变天下，岂不是认为不这样就不可贵？可是夷子埋葬父母却并不俭省，这就是用自己所鄙视的原则来对待父母。"徐辟把这话告诉了夷子。夷子说："儒家的原则，说古人爱民'像爱护婴儿'，这话什么意思呢？我认为这话的意思是爱不区别等次，不过实行起来要从父亲母亲开始。"徐辟把这话告诉了孟子。孟子说："夷子真的认为，人们爱自己兄长的儿子和爱自己邻居的儿子一样好吗？不过是看到了这一点。婴儿爬着要掉到井里，不是婴儿的罪过（所以人人都会去援救）。①况且天降生万物，让他们都只有一个本原，而夷子却

---

① 孟子认为，墨家因此认为爱不分亲疏远近。

认为是两个本原①。古时候曾有不埋葬父母的事,他父母亲死,抬出去就扔到山沟里。几天以后从那里经过,看到狐狸在吃他父母的肉,蚊蝇、蝼蛄在他父母身上吮吸、聚食。他额头冒汗,转过脸去不敢正视。这冒汗,不是怕人指责而冒汗,而是心里的情感表现在脸上。于是回家取来土篮土车掩埋了父母的遗体。掩埋是对的,至于仁人孝子掩埋自己父母,也必有一定的方式。"徐子把这话告诉了夷子。夷子愣了好大一会儿,说:"他教导了我啊!"

---

① 把别人的父母和自己的父母同样看待,就是两个本原。

第三篇（下）滕文公（下）

共十章

第一章

【解义】

本章孟子述说自己为什么不去谒见诸侯。

【原文】

6.1 陈代曰："不见诸侯，宜若小然。今一见之，大则以王，小则以霸。且《志》曰：'枉尺而直寻。'宜若可为也。"孟子曰:"昔齐景公田,招虞人以旌。不至,将杀之。志士不忘在沟壑,勇士不忘丧其元。孔子奚取焉?取非其招不往也。如不待其招而往,何哉?且夫枉尺而直寻者,以利言也。如以利,则枉寻直尺而利,亦可为与?昔者赵简子使王良与嬖奚乘,终日而不获一禽。嬖奚反命曰:'天下之贱工也。'或以告王良。良曰:'请复之。'强而后可,一朝而获十禽。嬖奚反命曰:'天下之良工也。'简子曰:'我使掌与女乘。'谓王良,良不可,曰:'吾为之范我驰驱,终日不获一;为之诡遇,一朝而获十。《诗》云:"不失其驰,舍矢如破。"我不贯与小人乘,请辞。'御者且羞与射者比。比而得禽兽,虽若丘陵,弗为也。如枉道而从彼,何也?且子过矣!枉己者,未有能直人者也。"

【译 文】

陈代说:"您不去谒见诸侯,似乎只是保持小节。假若一旦见了他们,大则可以使他称王,小则可以使他称霸。况且《志》上说过:'弯了一尺,直了一丈。'这样的事好像可以做。"孟子说:"从前齐景公打猎,用旌旗召唤虞人。虞人不来,齐景公要杀他。志士不惜弃尸沟壑,勇士不怕丧失头颅。孔子赞赏他什么呢?赞赏他不是该自己享受的礼节来召唤他就不去。假如我自己不等待召唤就去谒见诸侯,为了什么呢?况且弯一尺直一丈，这是计较利害的说法。如果从利益出发，即使弯了一丈而直了一尺有利可得，也可以做的？从前赵简子让王良给宠臣嬖奚驾车，整天打不着一只鸟。嬖奚汇报说：'这是天下最差的驭手。'有人告诉了王良。王良说：'请再来一次。'嬖奚勉强答应了，一早上就打了十只鸟。嬖奚汇报说：'这是天下最好的驭手。'赵简子说：'我让他专门为你驾车。'跟王良说，王良不干，说：'我给他按规范驾车，整天打不着一个；给他胡跑乱跑，一清早就打了十个。《诗经·车攻》篇说："奔驰不失规矩，箭发一去破的。"我不习惯给小人驾车，请辞去此职。'驭手尚且羞与劣等射手合作。合作获得的禽兽，即使堆成山，他也不干。如果背离道义而跟从他们，那算什么？而且您也想错了！自身不正的人是不能匡正别人的。"

第二章

【解义】

本章孟子论述坚守正道的人才是大丈夫。

【原 文】

6.2 景春曰:"公孙衍、张仪岂不诚大丈夫哉?一怒而诸侯惧,安居而天下熄。"孟子曰:"是焉得为大丈夫乎?子未学礼乎?丈夫之冠也,父命之。女子之嫁也,母命之,往送之门,戒之曰:'往之女家,必敬必戒,无违夫子!'以顺为正者,妾妇之道也。居天下之广居,立天下之正位,行天下之大道。得志,与民由之;不得志,独行其道。富贵不能淫,贫贱不能移,威武不能屈,此之谓大丈夫。"

【译 文】

景春说:"公孙衍、张仪难道不是真正的大丈夫吗?一发怒而诸侯恐惧,他们平静,天下也太平无事。"孟子说:"这怎能算是大丈夫?您没有学礼吗?男子行冠礼时父亲加以训诫。女子出嫁时,母亲加以训诫,送到门口,还告诫说:'到了夫家,一定要恭敬、谨慎,不要违背丈夫!'以顺从为正道,是妻妾之道。以天下之大为自己的居室,在这个居室中立于正位,行仁义之大道。① 得志,和百姓们一起行道;不得志,就独自行道。富贵不能淫,贫贱不能移,威武不能屈,这才叫大丈夫。"

---

① 取赵岐注义。

第三章

【解义】

本章孟子论述，古代士人必须出仕就像农夫必须耕田。他所鄙视的，只是出仕者不由正道。

【原文】

6.3　周霄问曰："古之君子仕乎？"孟子曰："仕。《传》曰：'孔子三月无君，则皇皇如也，出疆必载质。'公明仪曰：'古之人三月无君，则吊。'""三月无君则吊，不以急乎？"曰："士之失位也，犹诸侯之失国家也。《礼》曰：'诸侯耕助，以供粢盛。夫人蚕缫，以为衣服。牺牲不成，粢盛不絜，衣服不备，不敢以祭。惟士无田，则亦不祭。'牲杀、器皿、衣服不备，不敢以祭，则不敢以宴，亦不足吊乎？""出疆必载质，何也？"曰："士之仕也，犹农夫之耕也。农夫岂为出疆舍其耒耜哉？"曰："晋国亦仕国也，未尝闻仕如此其急。仕如此其急也，君子之难仕，何也？"曰："丈夫生而愿为之有室，女子生而愿为之有家。父母之心，人皆有之。不待父母之命、媒妁之言，钻穴隙相窥，逾墙相从，则父母、国人皆贱之。古之人未尝不欲仕也，又恶不由其道。不由其道而往者，与钻穴隙之类也。"

【译　文】

周霄①问道："古代的君子出仕吗？"孟子说："出仕。《传》上说：'孔子三个月不出仕事奉君主，就惶惶然若有所失，离开国境一定带着礼物②。'公明仪说：'古人三个月不能事君，就要去安慰他。'""三个月不能事君就去安慰，不是太急了吗？"孟子说："士人失掉职位，就像诸侯失掉了国家。《礼》书上说③：'诸侯亲自参加耕种，为了生产祭祀的稻黍。夫人参加养蚕缫丝，为了制作祭服。献祭的牛羊不肥壮，稻黍不干净，衣服不齐备，不敢举行祭祀。只有士没有祭田，就不举行祭祀。'牲畜、器皿、衣服不具备，不敢举行祭祀，就不敢举行宴会，那样也不该去安慰他吗？""离开国境一定带着礼物，为什么呢？"孟子说："士人出仕，就像农夫的耕田。农夫难道因为离开国境就丢掉耒耜吗？"周霄说："魏国也是士人可以出仕的国家，未曾听说士人要求出仕如此急迫。出仕

---

① 周霄：魏国人。
② 依礼，士人相见，带礼物。士人谒见君主也是如此。
③ 下面孟子所转述的礼制，可参看《礼记·祭义》和《礼记·王制》。

如此急迫，君子却迟迟不出仕①，为什么呢？孟子说："男子一生下来，父母就希望给他找到妻室；女子一生下来，父母就希望给她找到婆家。父母的心，人人都有。不等父母之命、媒妁之言，就从墙洞门缝里眉来眼去，甚至翻过墙去私会，这样就会遭到父母和别人的鄙视。古人未尝不想出仕，但是厌恶不走正道。不由正道去出仕的，与钻墙洞一样。"

第四章

【解 义】

　　本章孟子认为自己带着几十辆车、几百个人让诸侯供养，是应该的。

【原 文】

　　6.4 彭更问曰："后车数十乘，从者数百人，以传食于诸侯，不以泰乎？"孟子曰："非其道，则一箪食不可受于人；如其道，则舜受尧之天下不以为泰。子以为

---

① 意思是说孟子不出仕。

泰乎?"曰:"否。士无事而食,不可也。"曰:"子不通功易事,以羡补不足,则农有余粟,女有余布;子如通之,则梓匠轮舆皆得食于子。于此有人焉,入则孝,出则悌,守先王之道,以待后之学者,而不得食于子。子何尊梓匠轮舆而轻为仁义者哉?"曰:"梓匠轮舆,其志将以求食也;君子之为道也,其志亦将以求食与?"曰:"子何以其志为哉?其有功于子,可食而食之矣。且子食志乎?食功乎?"曰:"食志。"曰:"有人于此,毁瓦画墁,其志将以求食也,则子食之乎?"曰:"否。"曰:"然则子非食志也,食功也。"

【译 文】

彭更①问道:"后面跟着几十辆车,随从数百人,一路都由诸侯供给饮食,不是太奢侈了吗?"孟子说:"如果不是正道,即使一筐饭也不可以接受别人的;如果是正道,舜接受了尧的天下也不算过分。您以为那是奢侈吗?"彭更说:"不。不过士人不做事却让人供养,是不可以的。"孟子说:"您不让劳动和产品流通交换,以多余来补充不足,农夫就会有余粮,女子就会有余布;您如果让流通交换,那么,木匠、建筑师、造车的、造轮的就都能从您这里得到衣食。假如有这样一个人,在家孝顺父母,在外尊敬兄长,坚守先王之道,以等待

---

① 彭更:孟子弟子。

后来的学者，却不能从您那里得到衣食。您为什么重视木匠、建筑师、造轮的、造车的，却轻视行仁义的人呢？"彭更说："木匠、建筑师、造轮的、造车的，他们的目的就是谋求衣食；君子的行道，其目的也是谋求衣食吗？"孟子说："您追究他们的目的是为什么呢？那些对您有功的，能够供他们衣食就供给他们。况且，您是因他们的目的而供给衣食呢？还是因为他们的功绩而供给他们呢？"彭更答："因为他们的目的。"孟子说："假如有个人，上房拆瓦，在墙上乱涂，其目的是谋求衣食，那么您供给他吗？"答："不。"孟子说："那么您不是因为他们的目的，而是因为他们的功绩。"

第五章

【解 义】

本章孟子论述，像宋国这样的小国，假如实行王政，就不怕大国，反而有可能征服大国。

【原 文】

6.5 万章问曰："宋，小国也。今将行王政，齐楚恶而伐之，则如之何？"孟子曰："汤居亳，与葛为邻。葛伯放而不祀。汤使人问之曰：'何为不祀？'曰：'无以供牺牲也。'汤使遗之牛羊。葛伯食之，又不以祀。汤又使人问之曰：'何为不祀？'曰：'无以供粢盛也。'汤使亳众往为之耕，老弱馈食。葛伯率其民，要其有酒食黍稻者夺之，不授者杀之。有童子以黍肉饷，杀而夺之。《书》曰'葛伯仇饷'，此之谓也。为其杀是童子而征之，四海之内皆曰：'非富天下也，为匹夫匹妇复仇也。'汤始征，自葛载。十一征而无敌于天下。东面而征，西夷怨；南面而征，北狄怨，曰：'奚为后我？'民之望之，若大旱之望雨也。归市者弗止，芸者不变。诛其君，吊其民，如时雨降。民大悦。《书》曰：'徯我后，后来其无罚！''有攸不惟臣，东征，绥厥士女。篚厥玄黄，绍我周王见休，惟臣附于大邑周。'其君子实玄黄于篚，以迎其君子；其小人箪食壶浆，以迎其小人。救民于水火之中，取其残而已矣。《泰誓》曰：'我武惟扬，侵于之疆，则取于残，杀伐用张，于汤有光。'不行王政云尔。苟行王政，四海之内皆举首而望之，欲以为君，齐楚虽大，何畏焉？"

【译　文】

万章问道："宋国是个小国，现在要实行王政，假若齐国、楚国感到厌恶来讨伐它，那怎么办呢？"孟子说："汤住在亳地，和葛国为邻。葛君放纵无道，不祭祖宗。汤派人问道：'为什么不祭祖宗？'答：'没有献祭的牛羊。'汤派人送去牛羊。葛君吃了，又不祭祀。汤又派人问道：'为什么不祭祖宗？'答：'没有献祭的稻黍。'汤就派亳地百姓去给葛国耕种，给老人小孩送饭。葛君率领自己的百姓，截住那些有酒的、饭好的进行掠夺，不给的就杀掉。有个小孩送的饭好还有肉，葛伯就杀掉小孩夺走饭。《尚书·仲虺之诰》篇说'葛君仇视送饭的'，说的就是这件事。因为葛伯杀这个小孩，汤去征伐他，普天下人都说：'汤不是贪图整个天下的富有，而是为普通百姓报仇啊。'汤的征讨，从葛开始。征讨十一次，而无敌于天下。征讨东方，西夷埋怨；征讨南方，北狄埋怨，说：'为什么把我们放在后面？'老百姓盼望他，像大旱时盼望下雨。做买卖的继续经营，耕耘的继续耕耘。杀他们的君主，安抚他们的百姓，好像降下及时雨。百姓们都非常高兴。《尚书·武成》篇说：'等着我们大王，大王来了不受罪！''百姓们都拿着礼物迎接周王，无不思念着做周的臣民①，向东征讨，安抚那些百姓们。诸侯们献上绸帛，希望见到周王的风采，使自己能归顺作为天邑的周国②。'君子用筐盛着丝帛，来迎接周的君子；百姓们送饭送水，迎接周的士兵。把百

---

① 取赵岐注义。
② 原文"大邑周"即"天邑周"，同于甲骨文"天邑商"。天邑：即上帝的城池、国度。

姓从水火之中拯救出来，只是杀掉那残害百姓的家伙罢了。《尚书·太誓》说：'我们的威武发扬，进攻殷纣的边疆，抓住残害百姓的家伙，杀掉他们而战功辉煌，比商汤那时更加荣光。'你说的不过是不想行王政罢了。假若实行王政，四海之内都会举首盼望，希望他做君主，齐国、楚国虽然强大，又怕它们什么呢？"

第六章

【解 义】

　　本章孟子论述社会环境对人的影响。

【原 文】

　　6.6　孟子谓戴不胜曰："子欲子之王之善与？我明告子。有楚大夫于此，欲其子之齐语也，则使齐人傅诸？使楚人傅诸？"曰："使齐人傅之。"曰："一齐人傅之，众楚人咻之，虽日挞而求其齐也，不可得矣；引而置之庄岳之间数年，虽日挞而求其楚，亦不可得矣。子谓薛居州，善士也，使之居于王所。在于王所者，长幼卑尊，皆薛居州也，王谁与为不善？在王所者，长幼卑尊，皆非薛居州也，王谁与为善？一薛居州，独如宋王何？"

【译文】

孟子对戴不胜①说："您希望您的王向善吗？我明白告诉您。楚国有个大夫，想让他的儿子说齐国话，那么，是找齐国人教呢，还是找楚国人教？"答："让齐国人教。"孟子说："一个齐国人教他，许多楚国人吵嚷，即便天天打他要求他说齐语，也办不到的；把他带到齐国都城里住上几年，即使天天打他要求他说楚语，也办不到了。您说薛居州②是个贤士，让他住在王宫里。假如住在王宫的，老少尊卑都是像薛居州那样，王和谁一起作恶呢？住在王宫的，老少尊卑都不像薛居州那样，王和谁一起行善呢？一个薛居州又能把宋王怎么样呢？"

---

① 戴不胜：宋国臣子。
② 薛居州：宋国臣子。

第七章

【解 义】

本章孟子对公孙丑论述自己为什么不去谒见诸侯。

【原 文】

6.7 公孙丑问曰:"不见诸侯何义?"孟子曰:"古者不为臣不见。段干木逾垣而辟之,泄柳闭门而不纳,是皆已甚。迫,斯可以见矣。阳货欲见孔子,而恶无礼。大夫有赐于士,不得受于其家,则往拜其门。阳货瞰孔子之亡也,而馈孔子蒸豚。孔子亦瞰其亡也,而往拜之。当是时,阳货先,岂得不见?曾子曰:'胁肩谄笑,病于夏畦。'子路曰:'未同而言,观其色赧赧然,非由之所知也。'由是观之,则君子之所养可知已矣。"

【译 文】

公孙丑问道:"不谒见诸侯是什么道理?"孟子说:"古代

不做他的臣子就不主动谒见。段干木跳墙来躲避，泄柳①闭门不让进，这都太过分了。求见迫切，也可以会见。阳货想见孔子，又不想无礼。大夫对士人有所赏赐，士如果不在家而未能亲自接受，就应到大夫家里答谢。阳货②瞅准孔子不在家，送给孔子一只蒸熟的小猪。孔子也瞅着他不在家去回拜他。这个时候，阳货有礼在先，岂能不去回拜？曾子说：'耸起肩膀，强颜陪笑，比在田里忙碌一天还累。'子路说：'意见不合而同人说话，看着人家脸色，自己又羞惭满面，这样的人，我不知该怎么说他。'由此看来，就可以知道君子应该如何修养自己了。"

第八章

【解义】

本章孟子批评宋国大夫戴盈之不诚心实行十分之一的轻税率。

---

① 段干木：魏国人，魏文侯要见他，他躲避不见。泄柳：鲁国人，鲁缪公要见他，他躲避不见。
② 阳货：鲁国季孙氏的家臣。当时季孙氏掌握鲁国政权，阳货又掌握着季孙氏的权力。阳货后来背叛了季孙氏。他囚禁了季桓子，掌握了鲁国政权，想让孔子来谒见自己。

【原 文】

6.8　戴盈之曰:"什一,去关市之征,今兹未能。请轻之,以待来年,然后已,何如?"孟子曰:"今有人日攘其邻之鸡者,或告之曰:'是非君子之道。'曰:'请损之,月攘一鸡,以待来年,然后已。'如知其非义,斯速已矣,何待来年?"

【译 文】

戴盈之说:"税率十分之一,免除关税和商税,现在还办不到。请允许先减轻一些,等到明年再完全实行,怎么样?"孟子说:"现在有个人天天偷邻居的鸡,有人对他说:'这不是君子之道。'那人说:'请让我先减少一些,一月偷一只,等到明年再不干。'如果知道自己做得不对,就赶快停止吧,为什么要等到明年?"

第九章

【解 义】

本章孟子为自己"好辩"辩护,说这是因为不得已。阐明了批判异端邪说(当时主要是批判杨朱和墨家学说)对于维护孔子之道的重要意义。

【原 文】

6.9 公都子曰:"外人皆称夫子好辩,敢问何也?"孟子曰:"予岂好辩哉?予不得已也。天下之生久矣,一治一乱。当尧之时,水逆行,氾滥于中国。蛇龙居之,民无所定。下者为巢,上者为营窟。《书》曰:'洚水警余。'洚水者,洪水也。使禹治之。禹掘地而注之海,驱蛇龙而放之菹。水由地中行,江、淮、河、汉是也。险阻既远,鸟兽之害人者消,然后人得平土而居之。尧、舜既没,圣人之道衰。暴君代作,坏宫室以为污池,民无所安息;弃田以为园囿,使民不得衣食。邪说暴行又作,园囿、污池、沛泽多而禽兽至。及纣之身,天下又大乱。周公相武王诛纣、伐奄,三年讨其君,驱飞廉于海隅而戮之。灭国者五十,驱虎、豹、犀、象而远之。天下大悦。《书》曰:'丕显哉,文王谟!丕承哉,武王烈!佑启我后人,咸以正无缺。'世衰道微,邪说暴行有作,臣弑其君者有之,子弑其父者有之。孔子惧,作《春秋》。《春秋》,天子之事也。是故孔子曰:'知我者其惟《春秋》乎!罪我者其惟《春秋》乎!'圣王不作,诸侯放恣,处士横议。杨朱、墨翟之言盈天下。天下之言,不归杨则归墨。杨氏为我,是无君也;墨氏兼爱,是无父也。无父无君,是禽兽也。公明仪曰:'庖有肥肉,厩有肥马;民有饥色,野有饿莩。此率兽而食人也。'杨、墨之道不息,孔子之道不著,是邪说诬民、充塞仁义也。仁义充塞,则率兽食人,人将相食。吾为此惧,闲先圣之道,距杨墨,放淫辞,邪说者不得作。作于其心,害于其事;作于其事,害于其政。圣人复起,不易吾言矣。昔者禹抑洪水而天下平,周公兼夷狄、驱猛兽而百姓宁,孔子成《春秋》而乱臣贼子惧。《诗》云:'戎狄是膺,荆舒是惩,则莫我敢承。'无父无君,是周公所膺也。我亦欲正人心,息邪说,距诐行,放淫辞,以承三圣者。岂好辩哉?予不得已也。能言距杨墨者,圣人之徒也。"

【译文】

公都子①说:"外人都说先生您好辩,请问为什么呢?"孟子说:"我哪里是好辩?我不得已啊。天降生百姓已经很久了,一治一乱。当尧的时代,河水倒流,泛滥中原。龙蛇遍地,百姓们居无定所。低处的在树上搭巢,高处的就营造洞穴。《尚书·大禹谟》篇说:'洚水警告了我们。'洚水,就是洪水。派大禹去治理。禹掘开大地,放水流归大海;驱逐蛇龙,把它们赶进草泽。水循河道流,就是长江、黄河、淮河、汉水。洪水远去,害人的鸟兽绝迹,然后百姓们才得以在平地上居住。尧、舜去世,圣人之道衰落。暴君一代接着一代,他们毁坏百姓的房屋建造深池,使百姓无处安身;他们破坏良田建设猎场,使百姓无法谋得衣食。异端邪说,残暴的行为又随之兴起,猎场、深池、草泽增多,禽兽就随之到来。到纣王当政,天下又大乱。周公辅佐武王,杀了纣王,讨伐奄国,三年后杀了奄国国君,把飞廉②赶到海边以后杀掉。灭掉的国家有五十个,把虎、豹、犀牛、大象驱赶到远方。天下都非常高兴。《尚书·君可》说:'文王的谋略多么光明啊!武王忠实继承又发扬光大。教育启发了我们这些后代子孙,都守正道而不亏缺。'盛世衰落,正道隐灭,邪说、暴行又再度兴起,有

---

① 公都子:孟子弟子。
② 飞廉:纣王亲信的臣子,大力士。

臣子杀掉君主的事，有儿子杀掉父亲的事。孔子忧惧，著作《春秋》。《春秋》的著作，本应是天子的事业。所以孔子说：'知我的也就是《春秋》了！怪罪我的也就是《春秋》了！'圣明的君王没有兴起，诸侯放肆，处士①们乱发议论。杨朱、墨翟②的言论充满天下。天下的言论，不是拥护杨朱，就是赞同墨翟。杨朱主张'为我'，是无视君主；墨家主张'兼爱'，是无视父亲。无视君主和无视父亲，就和禽兽一样。公明仪说：'厨房有肥肉，马棚有肥马；百姓面有饥色，野外有饿死的尸体，这是率领野兽来吃人。'杨、墨之道不熄灭，孔子之道就不能发扬，这是邪说蒙蔽百姓、阻塞了仁义啊。仁义被阻塞，就会率领野兽吃人，人与人也将互相吞食。我为此感到忧虑，所以要捍卫先圣之道，反对杨、墨，排斥极端的言论，使邪说不能兴起。邪说在心里兴起，就危害行事；在行事上兴起，就危害政治。即使圣人复生，也不会改变我的说法。从前禹抑制了洪水而天下太平，周公兼并了夷狄、驱逐了猛兽而百姓安宁，孔子完成了《春秋》而乱臣贼子恐惧。《诗经·閟宫》篇说：'对戎狄要加以进攻，对楚国、舒国要进行严惩，无人敢抵挡我的进攻。'无视父亲，无视君主，是周公所要严惩的。我也想端正人心，平息邪说，拒绝偏激的行为，排斥极端的言论，以继承三位圣人的事业。哪里是什么好辩呢？

---

① 处士：不做官的士人。
② 杨朱、墨翟：春秋、战国时代的思想家。杨朱主张"为我"，墨翟主张"兼爱"。墨翟及其学派的言论载于《墨子》一书。

我不得已啊。能够拒绝杨、墨的，就是圣人之徒。"

第十章

【解义】

本章孟子批评了一位行为偏激（"诐行"）的典型，认为只有能推广的德行才是高尚的。

【原文】

6.10 匡章曰："陈仲子岂不诚廉士哉？居於陵，三日不食，耳无闻，目无见也。井上有李，螬食实者过半矣，匍匐往，将食之，三咽，然后耳有闻，目有见。"孟子曰："于齐国之士，吾必以仲子为巨擘焉。虽然，仲子恶能廉？充仲子之操，则蚓而后可者也。夫蚓，上食槁壤，下饮黄泉。仲子所居之室，伯夷之所筑与，抑亦盗跖之所筑与？所食之粟，伯夷之所树与？抑亦盗跖之所树与？是未可知也。"曰："是何伤哉？彼身织屦，妻辟纑，以易之也。"曰："仲子，齐之世家也。兄戴，盖禄万钟，以兄之禄为不义之禄而不食也，以兄之室为不义之室而不居也，辟兄离母，处于於陵。他日归，则有馈其兄生鹅者，已频蹙曰：'恶用是鶃鶃者为哉？'他日，其母杀是鹅也，与之食之。其兄自外至，曰：'是鶃鶃之肉也。'出而哇之。以母则不食，以妻则食之；以兄之室则弗居，以於陵则居之。是尚为能充其类也乎？若仲子者，蚓而后充其操者也。"

【译文】

匡章说："陈仲子①难道不是真正的清廉之士吗？住在於陵②，三天不吃饭，耳聋、眼花。井上有个李子，已被虫子吃掉了大半，他爬着去拿来吃了，吞了三口，然后耳朵才能听，眼睛才能看。"孟子说："在齐国的士人中间，我确实以为仲子是羊群里的骆驼了。不过，仲子怎能称作清廉？仲子的操守，说到顶只有做个蚯蚓才行。蚯蚓，地面上吃干土，地面下喝泥水。仲子所住的屋子，是伯夷建造的呢，还是盗跖③建造的呢？所吃的粮食，是伯夷种的呢，还是盗跖种的呢？这是无法知道的。"匡章说："这有什么妨害呢？他自己编鞋，妻子续麻绳，去换来的。"孟子说："仲子，是齐国世卿世禄之家。哥哥陈戴，有万钟的俸禄，他认为哥哥的俸禄是不义之财

---

① 匡章、陈仲子：都是齐国人。
② 於陵：地名。於，音乌（wū）。
③ 盗跖：春秋时有名的大盗。

因而不吃,认为哥哥的房子是不义之室而不住,躲避哥哥,离开母亲,住到了於陵。有一次回家,有人送他哥一只生鹅,他皱着眉头说:'要这个哦哦哦的东西干什么呢!'几天以后,他母亲杀了这只鹅,给他吃了。他哥哥从外面回来,说:'这是那哦哦哦的肉。'他跑到门外呕了出来。母亲给的不吃,妻子给的就吃;哥哥的房子不住,於陵这地方就住。这样的行为能够在人类中推广吗?像仲子这样,只有做蚯蚓才能实行他的操守。"

第四篇（上） 离娄（上）

共二十八章

【解 题】

　　这一篇多讲个人修养。个人修养的内容，其中心是仁。作者认为，要实行仁政，首先必须有良好的个人修养。

第一章

【解 义】

　　本章孟子论述，要行尧舜之道，必须有一整套具体的政治措施，就像能工巧匠必须借助规矩才能画出方圆一样。他的政治措施，前几章已有论述。

【原文】

7.1 孟子曰："离娄之明、公输子之巧，不以规矩，不能成方员。师旷之聪，不以六律，不能正五音。尧舜之道，不以仁政，不能平治天下。今有仁心、仁闻而民不被其泽，不可法于后世者，不行先王之道也。故曰，徒善不足以为政，徒法不能以自行。《诗》云：'不愆不忘，率由旧章。'遵先王之法而过者，未之有也。圣人既竭目力焉，继之以规矩准绳，以为方员平直，不可胜用也；既竭耳力焉，继之以六律正五音，不可胜用也；既竭心思焉，继之以不忍人之政，而仁覆天下矣。故曰，为高必因丘陵，为下必因川泽，为政不因先王之道，可谓智乎？是以惟仁者宜在高位。不仁而在高位，是播其恶于众也。上无道揆也，下无法守也，朝不信道，工不信度，君子犯义，小人犯刑，国之所存者幸也。故曰，城郭不完，兵甲不多，非国之灾也；田野不辟，货财不聚，非国之害也。上无礼，下无学，贼民兴，丧无日矣。《诗》曰：'天之方蹶，无然泄泄。'泄泄，犹沓沓也。事君无义，进退无礼，言则非先王之道者，犹沓沓也。故曰，责难于君谓之恭，陈善闭邪谓之敬。吾君不能谓之贼。"

【译文】

孟子说："离娄的眼明，公输般的手巧，不用规矩①，画不成方圆。师旷的耳聪，不用六律，定不准五音②。尧、舜之道，不用仁政不能平治天下。现在有仁爱之心、仁爱之名，百姓们却得不到恩惠，不能作为后世效法的榜样，是由于不行先王之道啊。所以说，单有好心不足以治国行政，单有好办法不能自动推行。《诗经·假乐》篇说：'不偏差，不遗忘，一切遵循旧规章。'遵照先王的办法而出偏差的，是从来没有的。圣人竭尽目力，又用规矩准绳，造出了方圆平直，用也用不完；竭尽耳力，又根据六律，定正五音，用也用不完；竭尽心思，又用不忍人之政，仁就覆盖了整个天下。所以说，建高台必借助丘陵，挖深池必借助川泽，治理国家不凭借先王之道，可算得是智吗？所以只有仁者才适宜处在高位。不仁者处在高位，那是把他的恶传播给群众啊。上面没有道作规范，下面没有法可以持守，朝廷里不信道，工匠们不信尺度，君子违背道义，百姓们触犯刑律，国家还能存在，不过是侥幸。所以

---

① 离娄：古代的明目者。公输般：鲁国的能工巧匠，又称鲁班。规矩：圆规和方矩，都是古代木匠的工具。
② 师旷：晋国乐师，辨音能力很高。六律：古代十二音律分为阴阳两组。阳组为律，阴组为吕，六律即十二音律的代称。五音：中国古代的五音阶，即宫、商、角、徵（zhǐ）、羽。

说，城郭不完整，兵甲不多，不是国家的灾难；田野没有开垦，财货不丰富，不是国家的祸害。上面没有礼义，下面缺少教育，盗贼兴起，亡国的日子就不远了。《诗经·板》篇说：'王朝就要颠蹶，臣子不要泄泄。'泄泄，也就是沓沓。事奉君主不用义，行为无礼，说话就诽谤先王之道，也就是沓沓。所以说，责备君主叫作做恭，进善言批邪说叫作做敬。说什么我们君主做不到，这叫作做贼。"

第二章

【解义】

　　本章孟子论述无论君臣都应以圣人为榜样，行仁政、修仁德，否则将遗臭万年。

【原文】

　　7.2　孟子曰："规矩，方员之至也；圣人，人伦之至也。欲为君，尽君道；欲为臣，尽臣道，二者皆法尧舜而已矣。不以舜之所以事尧事君，不敬其君者也；不以尧之所以治民治民，贼其民者也。孔子曰：'道二，仁与不仁而已矣。'暴其民甚，则身弑国亡；不甚，则身危国削，名之曰'幽''厉'，虽孝子慈孙，百世不能改也。《诗》云：'殷鉴不远，在夏后之世。'此之谓也。"

【译　文】

孟子说："规矩，是作方圆的标准；圣人，是人伦的标准。要想为君的尽到君道，为臣的尽到臣道，二者都要以尧舜为榜样。不遵照舜怎样事奉尧来事奉自己的君主，是不敬自己的君主；不遵照尧是怎样治民来治理百姓，是残害百姓。孔子说：'道只有两条，仁与不仁罢了。'暴虐自己的百姓太过分，就会身死国亡；不太过分，就身处危险，国力削弱。这样的君主死后被称为'幽''厉'，即使有孝子贤孙，世世代代也无法更改。《诗经·荡》篇说：'殷朝的镜子不远，就在夏代。'① 说的就是这个意思。"

---

① 意为夏代的灭亡是殷商应吸取的教训。同样，商的灭亡也是周应吸取的教训。后人应把前人当作自己的镜子。

第三章

【解 义】

本章孟子论述仁与不仁,是生死存亡的关键。

【原 文】

7.3 孟子曰:"三代之得天下也以仁,其失天下也以不仁。国之所以废兴存亡者亦然。天子不仁,不保四海;诸侯不仁,不保社稷;卿大夫不仁,不保宗庙;士庶人不仁,不保四体。今恶死亡而乐不仁,是犹恶醉而强酒。"

【译 文】

孟子说:"夏、商、周三代得到天下是由于仁,他们失掉天下是由于不仁。国的盛衰存亡也是如此。天子不仁,保不住四海①；诸侯不仁，保不住社稷②；卿大夫不仁，保不住自己的宗庙③；士和庶人不仁，不能保全自己的身体。现在厌恶死亡却乐于不仁，就像怕醉却硬要喝酒一样。"

第四章

【解义】

本章孟子论述，如果善行得不到应有的效果应该反省自己。

【原文】

7.4 孟子曰："爱人不亲，反其仁；治人不治，反其智；礼人不答，反其敬。行有不得者，皆反求诸己，其身正而天下归之。《诗》云：'永言配命，自求多

---

① 四海：指天下。
② 社稷：社神和稷神，即土神和谷神。周制，诸侯立国之初，周天子给他建社稷祭坛，不能保住祭社稷的权力，意味着亡国。
③ 宗庙：祖庙。卿大夫无权祭天和社稷，可以祭祖。不能保持祭宗庙的权力，意味着失去自己的社会地位。

福。'"

【译文】

　　孟子说:"爱别人,别人不亲近自己,应反省自己的仁;治理国家,国家却没有治好,应反省自己的智;以礼待人,别人不以礼相答,反省自己的敬。凡是行为达不到预期效果的,都应回头反省自己。自己行为端正了,天下人就会归服。《诗经·文王》篇说:'永远记着不辜负天命,自己追求幸福。'"

第五章

【解 义】

　　本章孟子论述天下、国、家与个人的关系。

【原 文】

　　7.5　孟子曰:"人有恒言,皆曰'天下国家'。天下之本在国,国之本在家,家之本在身。"

【译 文】

孟子说:"人们常说'天下国家'。天下的根本在国①,国的根本在家,家的根本在个人。"

第六章

【解 义】

本章孟子论述治国不可得罪世家大族。

【原 文】

7.6 孟子曰:"为政不难,不得罪于巨室。巨室之所慕,一国慕之;一国之所慕,天下慕之。故沛然德教溢乎四海。"

【译 文】

孟子说:"治国不难,不要得罪世家大族。世家大族所向

---

① 国:指诸侯国。

往的，全国都会向往；全国所向往的，天下都会向往。所以德教就会汹涌澎湃，充满于天下。"

第七章

【解义】

本章孟子论述天下有道和天下无道的区别，认为小国如不愿以大国为师，就应以文王为师，行仁政，才可以无敌于天下。

【原文】

7.7　孟子曰："天下有道，小德役大德，小贤役大贤。天下无道，小役大，弱役强。斯二者，天也。顺天者存，逆天者亡。齐景公曰：'既不能令，又不受命，是绝物也。'涕出而女于吴。今也小国师大国而耻受命焉，是犹弟子而耻受命于先师也。如耻之，莫若师文王。师文王，大国五年，小国七年，必为政于天下矣。《诗》云：'商之孙子，其丽不亿。上帝既命，侯于周服。侯服于周，天命靡常。殷士肤敏，祼将于京。'孔子曰：'仁不可为众也。夫国君好仁，天下无敌。'今也欲无敌于天下而不以仁，是犹执热而不以濯也。《诗》云：'谁能执热，逝不以濯？'"

【译文】

孟子说："天下有道，小德被大德支配，小贤被大贤支配。天下无道，小被大支配，弱被强支配。这两种情况，都是由于天。顺天者存，逆天者亡。齐景公说：'既不能命令别人，又不接受别人命令，是自绝于人。'流着眼泪把女儿嫁给了吴王。现在小国以大国为师却耻于接受命令，就像弟子耻于接受老师的命令一样。如果感到羞耻，就不如以文王为师。以文王为师，大国五年，小国七年，必然能够统治天下。《诗经·文王》篇说：'商代的子孙，不下十万。上帝发了命令，服从周的统治。服从周的统治，天命没有一定。殷代俊美贤能的士人，以酒灌地助祭于周京。'孔子说：'仁不在于人多。国君好仁，天下无敌。'现在想无敌于天下却不用仁，就像手持热物不愿用冷水蘸手。《诗经·桑柔》篇说：'谁能手持热物，不用冷水蘸手。'"

第八章

【解义】

本章孟子论述，祸福的到来，完全是由于自己的作为。不仁的人，一定会国破身亡。

【原文】

7.8　孟子曰："不仁者可与言哉？安其危而利其菑，乐其所以亡者。不仁而可与言，则何亡国败家之有？有孺子歌曰：'沧浪之水清兮，可以濯我缨；沧浪之水浊兮，可以濯我足。'孔子曰：'小子听之！清斯濯缨，浊斯濯足矣，自取之也。'夫人必自侮，然后人侮之；家必自毁，而后人毁之；国必自伐，而后人伐之。《太甲》曰：'天作孽，犹可违；自作孽，不可活。'此之谓也。"

【译文】

孟子说："不仁的人可以和他讲话吗？国家危险，他安之若素，国家遭难，他却认为对自己有利；那些招致亡国的东西，他却觉得快乐。不仁的人如果可以和他讲话，哪里还有亡国败家的事？有首儿歌唱道：'沧浪①河水清啊，可以洗冠缨；沧浪河水浊啊，可以洗我脚。'孔子说：'弟子们听着！水清洗帽缨，水浊就用来洗脚，这是水自找的啊。'人只有先自侮，然后别人才能侮辱他；家只有先自毁，然后别人才能毁坏它；国只有先自伐，然后别人才能讨伐它。《尚书·太甲》篇说：'天降祸，还可逃；自己降下的祸，只有死路一条。'说的就是这个意思。"

第九章

【解义】

本章孟子论述桀纣失掉天下的根本原因是失去了百姓，失去了民心。要得到百姓民心，只有行仁。

【原文】

7.9 孟子曰："桀纣之失天下也，失其民也；失其

---

① 沧浪：朱熹认为是水名，杨伯峻取沧浪为青色之意。然水有清浊，当以沧浪为水名较通。

民者,失其心也。得天下有道:得其民,斯得天下矣。得其民有道:得其心,斯得民矣。得其心有道:所欲与之聚之,所恶勿施,尔也。民之归仁也,犹水之就下、兽之走圹也。故为渊驱鱼者,獭也;为丛驱爵者,鹯也;为汤武驱民者,桀与纣也。今天下之君有好仁者,则诸侯皆为之驱矣。虽欲无王,不可得已。今之欲王者,犹七年之病求三年之艾也,苟为不畜,终身不得。苟不志于仁,终身忧辱,以陷于死亡。《诗》云:'其何能淑,载胥及溺。'此之谓也。"

【译文】

孟子说:"桀纣失去天下,是由于失去了百姓;失去百姓,是由于失去了民心。得天下有办法:得到百姓,就得到了天下。得到百姓有办法:得到民心,就得到了百姓。得民心有办法:他们想要的,给他们弄来;他们所厌恶的,不要加给他们。百姓归附仁,就像水往低处流、兽往山野走。所以为深渊赶来了鱼的,是水獭;为丛林赶来了鸟雀的,是鹰鹯;为汤武赶来了百姓的,是桀与纣。当今天下如有君主是好仁的,那么诸侯们就都会为他而赶了。即使不想天下称王,也由不得自己。现在那些想称王天下的,就像久病七年需要三年的陈艾,假若不预先收藏,一辈子都得不到。假若不有志于行仁,就会终生陷入忧虑耻辱直到死亡。《诗经·桑柔》篇说:'他们怎能向善?只能一起灭亡。'说的就是这个意思。"

第十章

【解义】

本章孟子论述不能实行仁义的是自暴自弃。

【原文】

7.10 孟子曰:"自暴者,不可与有言也;自弃者,不可与有为也。言非礼义,谓之自暴也;吾身不能居仁由义,谓之自弃也。仁,人之安宅也;义,人之正路也。旷安宅而弗居,舍正路而不由,哀哉!"

【译文】

孟子说:"自暴①者,没法和他谈什么;自弃者,无法和他一起干成什么。说话毁谤礼义,叫作做自暴;说自身不能处于仁、行于义,叫作做自弃。仁,是人的舒适住宅;义,是人间的正路。让舒适住宅空着而不住,丢开正路而不走,可

---

① 自暴:自己残害(暴)自己。下文"自弃",即自己抛弃自己。

悲啊!"

第十一章

【解 义】

孟子认为道就在自己身边,不要舍近求远。

【原 文】

7.11 孟子曰:"道在迩而求诸远,事在易而求诸难!人人亲其亲、长其长,而天下平。"

【译 文】

孟子说:"道在近处却向远处寻求,道很易行却向难处找!只要人人都孝敬父母、尊敬长上①,天下就自然太平。"

---

① 尊敬父母、长上,就是孟子所说的在近处并且易行的道。

第十二章

【解 义】

本章孟子从如何取得长上的信任以治理好国家,追溯到根本的办法是诚心向善。并首次提出了"诚者,天之道","思诚者,人之道"的著名命题。

【原 文】

7.12 孟子曰:"居下位而不获于上,民不可得而治也。获于上有道,不信于友,弗获于上矣。信于友有道,事亲弗悦,弗信于友矣。悦亲有道,反身不诚,不悦于亲矣。诚身有道,不明乎善,不诚其身矣。是故诚者,天之道也;思诚者,人之道也。至诚而不动者,未之有也;不诚,未有能动者也。"

【译 文】

孟子说:"居下位的得不到长上信任,百姓就不可能治理得好。得到长上信任有办法,不能取信于朋友,就得不到长上信任。取信于朋友有办法，事奉父母不能让父母高兴，就不能取信于朋友。让父母高兴有办法，反省自己心不诚，就不会让父母高兴。要自己心诚也有办法，不懂得什么是善，就无法使自己心诚。所以，诚是天道，追求诚是人道。极端诚心诚意而不能感动别人，是从来没有的事；不诚心诚意，也绝不能感动别人。"

第十三章

【解 义】

　　孟子通过伯夷、姜太公二人归谢周文王的事，论证只要实行周文王那样的政治，就会使天下归顺。

【原 文】

　　7.13　孟子曰："伯夷辟纣，居北海之滨，闻文王作，兴曰：'盍归乎来！吾闻西伯善养老者。'太公辟纣，居东海之滨，闻文王作，兴曰：'盍归乎来！吾闻西伯善养老者。'二老者，天下之大老也，而归之，是天下之父归之也。天下之父归之，其子焉往？诸侯有行文王之政者，七年之内，必为政于天下矣。"

【译文】

孟子说："伯夷躲避纣王，住到了北海之滨，听说文王兴起，就说：'为什么不去归附呢！我听说西伯①是个善于养老的人。'姜太公②躲避纣王，住到了东海之滨，听说文王兴起，就说：'为什么不去归附呢！我听说西伯是个善于养老的人。'二位老人，是天下德高望重的老人，归附了周国，是天下的父亲归附了周国。天下的父亲归附了，孩子们又到哪里去？诸侯们假若有人行文王之政的，七年之内，必定能统治天下。"

第十四章

【解义】

本章孟子批评不行仁政而追求富足的，都是违背孔子之道的。至于为了争夺土地而发动战争，更是应该受到最严厉的惩罚。

---

① 西伯：纣王任命周文王为西部诸侯们的领袖，称为西伯。
② 姜太公：即姜子牙，姓吕，名望，又称吕尚。协助周文王、周武王推翻了商朝的统治。

【原 文】

7.14　孟子曰:"求也为季氏宰,无能改于其德,而赋粟倍他日。孔子曰:'求非我徒也,小子鸣鼓而攻之可也。'由此观之,君不行仁政而富之,皆弃于孔子者也。况于为之强战?争地以战,杀人盈野;争城以战,杀人盈城。此所谓率土地而食人肉,罪不容于死。故善战者服上刑,连诸侯者次之,辟草莱、任土地者次之。"

【译 文】

孟子说:"冉求做季氏①的幸臣,不能改变季氏的坏德行,反而加倍收取赋税。孔子说:'冉求不是我的学生,弟子们,你们可以大张旗鼓去声讨他。'由此看来,君主不行仁政,还去帮他致富,都是背叛孔子之道的。何况替君主卖命作战?为争地而战,杀的人布满了原野;为争城而战,杀的人布满了城池。这是率领土地吞吃人肉,死刑对他们都显得太轻。所以好战的应该领受最严厉的刑罚,联合诸侯的罪减一等,鼓励垦荒以增加赋税收入的,把土地分给百姓以充分发挥地力的,再减一等。"

---

①　冉求:孔子弟子。季氏:鲁国正卿。

第十五章

【解　义】

本章孟子认为可以从人的眼睛看出人的善恶。

【原　文】

7.15　孟子曰:"存乎人者,莫良于眸子。眸子不能掩其恶。胸中正,则眸子瞭焉;胸中不正,则眸子眊焉。听其言也,观其眸子,人焉廋哉?"

【译　文】

孟子说:"人心里有些什么,没有比眼睛更能表现出来的。眼睛掩盖不了人的恶。胸中正派,眼睛就明亮;胸中不正派,眼睛就发昏。听他的言论,看他的眼睛,他还怎么隐藏?"

第十六章

【解 义】

本章孟子论述什么叫恭、俭。

【原 文】

7.16 孟子曰:"恭者不侮人,俭者不夺人。侮夺人之君,惟恐不顺焉,恶得为恭俭?恭俭岂可以声音笑貌为哉?"

【译 文】

孟子说:"恭者不侮辱人,俭者不抢夺人。侮辱、抢夺别人的君主,唯恐别人不顺从自己,怎能称为恭俭?恭、俭怎能靠声音和笑脸强装呢?"

第十七章

【解义】

本章孟子论述在什么情况下可以灵活改变("权")礼义原则。

【原文】

7.17 淳于髡曰:"男女授受不亲,礼与?"孟子曰:"礼也。"曰:"嫂溺,则援之以手乎?"曰:"嫂溺不援,是豺狼也。男女授受不亲,礼也;嫂溺,援之以手者,权也。"曰:"今天下溺矣,夫子之不援,何也?"曰:"天下溺,援之以道;嫂溺,援之以手。子欲手援天下乎?"

【译文】

淳于髡①说:"男女之间,不亲手递接东西,是礼吗?"孟

---

① 淳于髡:齐国善辩之士。

子说:"是礼。"问:"嫂嫂落水,用手去拉她吗?"答:"嫂嫂落水不去援救,那就是豺狼。男女不亲手递接东西,是礼;嫂嫂落水,而用手拉她,是权变。"问:"现在整个天下都落水了,先生您却不援救,为什么呢?"答:"天下落水,用道援救;嫂嫂落水,用手援救。您想让我用手去援救天下吗?"

第十八章

【解 义】

本章孟子阐述"君子不教子"的道理。

【原 文】

7.18 公孙丑曰:"君子之不教子,何也?"孟子曰:"势不行也。教者必以正。以正不行,继之以怒。继之以怒,则反夷矣。'夫子教我以正,夫子未出于正也。'则是父子相夷也。父子相夷,则恶矣。古者易子而教之,父子之间不责善。责善则离,离则不祥莫大焉。"

【译 文】

公孙丑问:"君子不亲自教育自己的儿子,为什么呢?"

孟子说:"情势不允许。教的人必按正道行事。正道行不通,就会发怒。一发怒,反而会伤感情。'您教我走正道,可您却没走正道。'这样父子就互相伤害了。父子互相伤害就不好了。古人交换孩子进行教育,父子之间不互相责备促进对方向善。求好责备就相互疏远,疏远可就非常不好了。"

第十九章

【解义】

本章孟子论述人坚守志向的重要。

【原文】

7.19 孟子曰:"事孰为大?事亲为大。守孰为大?守身为大。不失其身而能事其亲者,吾闻之矣。失其身而能事其亲者,吾未之闻也。孰不为事?事亲,事之本也。孰不为守?守身,守之本也。曾子养曾晳,必有酒肉。将彻,必请所与。问有余,必曰有。曾晳死,曾元养曾子,必有酒肉。将彻,不请所与。问有余,曰亡矣,将以复进也。此所谓养口体者也。若曾子,则可谓养志也。事亲若曾子者，可也。"

【译文】

孟子说："什么事最大？① 事奉父母最大。什么操守最重要？自身的操守最重要。不失自身操守而能事奉父母的，我听说过。丧失自身操守而能事奉父母的，我没听说过。谁不事奉人？事奉父母，是一切事奉的根本。谁不持守？持守自身，是一切持守的根本。曾子赡养曾晳②，必有酒肉。将要撤饭时，必定问一问还给谁不。曾晳若问还有吗，一定回答还有。曾晳死，曾元③养曾子，也一定有酒肉。将要撤饭时，不问还给谁不。曾子若问还有吗，就回答没有了，为的是把剩下的还让父亲吃。这就是所说的口体之养。像曾子那样，可说是养志。事奉父母像曾子那样，才是正确的。"

---

① 原文直译为：讲到事奉，事奉谁最重要？
② 曾晳：名点，曾参的父亲，也是孔子学生。
③ 曾元：曾参之子。

第二十章

【解义】

本章孟子论述君主的德行对于治国的重要。

【原文】

7.20 孟子曰:"人不足与适也,政不足间也,惟大人为能格君心之非。君仁,莫不仁;君义,莫不义;君正,莫不正。一正君而国定矣。"

【译文】

孟子说:"君主用人当否不值得批评,政策如何也不值得批评,只有大人才可能纠正君主的不善之心①。君主仁,就没有人不仁;君主义,就没有人不义;君主正,就没有人不正。一旦端正了君主,国家就安定了。"

---

① 大人:大德之人。孟子意思是说,最应该批评的是君主的心,但只有大德之人才能端正君主的心。

第二十一章

【解 义】

本章孟子论毁誉。

【原 文】

7.21 孟子曰:"有不虞之誉,有求全之毁。"

【译 文】

孟子说:"有预料不到的称誉,有追求完美而遭受的诋毁。"

第二十二章

【解 义】

本章孟子认为,说话轻率的人是没有受过失言的责备。

【原　文】

7.22　孟子曰:"人之易其言也,无责耳矣。"

【译　文】

孟子说:"人们之所以言辞轻率,是由于没受过失言的责备。"

第二十三章

【解　义】

孟子批评那些狂妄自大、好为人师的人。

【原　文】

7.23　孟子曰:"人之患在好为人师。"

【译　文】

孟子说:"人的毛病就在于好为人师。"

第二十四章

【解 义】

本章孟子指责乐正子不先来见他。

【原 文】

7.24 乐正子从于子敖之齐。乐正子见孟子。孟子曰:"子亦来见我乎?"曰:"先生何为出此言也?"曰:"子来几日矣?"曰:"昔者。"曰:"昔者,则我出此言也,不亦宜乎?"曰:"舍馆未定。"曰:"子闻之也,舍馆定,然后求见长者乎?"曰:"克有罪。"

【译 文】

乐正子随从子敖①到了齐国。乐正子拜见孟子。孟子说:

---

① 乐正子:名克,鲁国人,孟子弟子。子敖,名王驩,齐国的右师,是孟子认为"不可与言"的那种人(参见本篇下篇第二十七章)。

"您也来看我吗?"乐正子说:"先生为什么这样说话?"问:"您来几天了?"答:"前天。"问:"前天?那么我这样说,不应该吗?"答:"旅馆没有找好。"孟子说:"您听说过找好了旅馆,然后才来见老师的吗?"乐正子说:"我错了。"

第二十五章

【解义】

孟子批评乐正子不该跟随子敖。

【原文】

7.25 孟子谓乐正子曰:"子之从于子敖来,徒餔啜也。我不意子学古之道,而以餔啜也。"

【译文】

孟子对乐正子说:"您跟着子敖来,不过是因为有碗饭吃。我想不到您学习古人之道,却是为了一碗饭吃。"

第二十六章

【解 义】

孟子为舜"不告而娶"进行辩护。

【原 文】

7.26 孟子曰:"不孝有三,无后为大。舜不告而娶,为无后也,君子以为犹告也。"

【译 文】

孟子说:"不孝的事有三条,没有儿子是最大的不孝。舜不禀告父母就娶妻,是因为没有儿子,所以君子认为和已经禀告一样。"

第二十七章

【解 义】

孟子认为按仁义礼智行事可使人得到极大的快乐。

【原 文】

7.27 孟子曰:"仁之实,事亲是也;义之实,从兄是也;智之实,知斯二者弗去是也;礼之实,节文斯二者是也;乐之实,乐斯二者,乐则生矣,生则恶可已也,恶可已则不知足之蹈之手之舞之。"

【译 文】

孟子说:"仁的内容,主要是事奉父母;义的内容,主要是服从兄长;智的内容,就是明白以上两点而不丢掉;礼的内容,就是对上述两点加以节制、文饰;乐的内容,就是对仁义感到快乐,快乐就因此产生了,快乐产生了又怎么能够停止呢,不能停止就不知不觉地手舞足蹈起来。"

第二十八章

【解 义】

孟子说,舜连普天下的拥戴都不放在心上,但要对父亲尽孝。舜使顽固的父亲变得快乐,就为普天下做了榜样,这才是大孝。

【原 文】

7.28 孟子曰:"天下大悦而将归己,视天下悦而归己犹草芥也,惟舜为然。不得乎亲,不可以为人。不顺乎亲,不可以为子。舜尽事亲之道而瞽瞍底豫,瞽瞍底豫而天下化,瞽瞍底豫而天下之为父子者定,此之谓大孝。"

【译 文】

孟子说:"普天下都非常高兴并且将归附自己,把普天下的愿意归顺视若草芥,只有舜能够做到。得不到父母的欢心不可以为人。不顺从父母,不可以做儿子。舜尽到了事奉父母的孝心，父亲瞽瞍变得快乐了，瞽瞍变得快乐，普天下都受了感化。瞽瞍变得快乐，普天下的父子就都有了榜样，这就叫大孝。"

第四篇（下）离娄（下）

共三十三章

第一章

【解 义】

本章孟子论述圣人之道，古今如一。

【原 文】

8.1 孟子曰："舜生于诸冯，迁于负夏，卒于鸣条，东夷之人也。文王生于岐周，卒于毕郢，西夷之人也。地之相去也，千有余里；世之相后也，千有余岁。得志行乎中国，若合符节，先圣后圣，其揆一也。"

【译文】

孟子说："舜生于诸冯，迁到负夏，死于鸣条，是东夷①之人。文王生于岐周，死于毕郢②，是西夷之人。地隔千里，时差千年。当他们得以把自己的志愿在中国推行，就像符节一般契合。在先的圣人和在后的圣人，他们的眼光是一样的。"

第二章

【解义】

孟子批评子产用自己的车载人过河。认为作为执政官，要做这些事是做不完的。

---

① 诸冯、负夏、鸣条：东方地名。夷，相对于华夏而言。东夷，即东方。
② 岐周：岐山下的周国。毕郢（yǐng），故地在今陕西省咸阳县东，有文王墓。

【原 文】

8.2　子产听郑国之政,以其乘舆济人于溱、洧。孟子曰:"惠而不知为政。岁十一月,徒杠成;十二月,舆梁成,民未病涉也。君子平其政,行辟人可也,焉得人人而济之? 故为政者,每人而悦之,日亦不足矣。"

【译 文】

子产①负责郑国的政治,用自己的车在溱水、洧水帮人渡河。孟子说:"这是小恩小惠而不知怎样执政。十一月,人行桥修成;十二月,车行桥修成,百姓们就不会为渡河发愁。君子理顺了政治,即使出行让人回避也可以,怎能一个一个地帮人渡河? 所以执政的要想一个一个地让人高兴,那是一天到晚也忙不过来的。"

第三章

【解 义】

本章中孟子指出,如果君主无礼对待臣子,臣子就可把君

---

① 子产:名公孙侨。春秋时郑国大夫,执政期间很有政绩。

主视为仇敌。

【原 文】

8.3 孟子告齐宣王曰:"君之视臣如手足,则臣视君如腹心;君之视臣如犬马,则臣视君如国人;君之视臣如土芥,则臣视君如寇雠。"王曰:"礼,为旧君有服,何如斯可为服矣?"曰:"谏行言听,膏泽下于民;有故而去,则君使人导之出疆,又先于其所往;去三年不反,然后收其田里。此之谓三有礼焉。如此,则为之服矣。今也为臣,谏则不行,言则不听,膏泽不下于民;有故而去,则君搏执之,又极之于其所往;去之日,遂收其田里。此之谓寇雠。寇雠,何服之有?"

【译 文】

孟子对齐宣王说:"君把臣看作手足,臣就把君看作腹心;君把臣看作狗马,臣就把君看作外人;君把臣看作渣土草芥,臣就把君看作盗寇仇敌。"齐宣王说:"按照礼,应为以前的君主服丧,什么样的君主才可以为他服丧呢?"孟子说:"听从臣子的批评、建议,并且实行,使百姓享受到恩惠;假若由于某种原因离职,君主一次派人护送他离境,并且派人先到他要去的地方进行安排;离开三年不回来,然后再收回他的田地房屋。这叫作做三有礼。像这样,臣就为君服丧。现在做一个臣子,批评君主不接受,建议君主不听从,老百姓得不到恩惠;由于某种原因离开,君主就捆绑起他的亲属甚至杀掉,又千方百计使他被困于所去的地方;他离开那一天,就没收了他的田地房产。这叫作做盗寇和仇敌。对盗寇和仇敌,还服什么丧?"

第四章

【解 义】

孟子在本章论述君子见到不好的苗头,就要及早采取措施。

【原 文】

8.4 孟子曰:"无罪而杀士,则大夫可以去;无罪而戮民,则士可以徙。"

【译 文】

孟子说:"君主无故杀戮士人,大夫就可以考虑离开了;无故而杀戮百姓,士就可以走了。"

第五章

【解 义】

孟子认为君主起着转移世风的带头作用。

【原 文】

8.5 孟子曰:"君仁,莫不仁;君义,莫不义。"

【译 文】

孟子说:"君仁,就没有人不仁;君义,就没有人不义。"

第六章

【解 义】

孟子反对不合制度的礼,不合大义的义。

【原 文】

8.6 孟子曰:"非礼之礼,非义之义①,大人弗为。"

【译 文】

孟子说:"不合礼制的礼,不合大义的义,大人不去做。"

第七章

【解 义】

孟子主张有才有德者应帮助无才无德者。

【原 文】

8.7 孟子曰:"中也养不中,才也养不才,故人乐有贤父兄也。如中也弃不中,才也弃不才,则贤不肖之

---

① 赵岐注"非义之义"为"若义而非义,借交报仇是也"。

相去，其间不能以寸。"

【译 文】

孟子说："德高者教育感化不高的，有才的帮助养育无才的，所以人都希望有贤能的父兄。假若德高的抛弃不高的，有才的嫌弃无才的，那么贤能者和不肖者①之间的差距，就连一寸也没有。"

第八章

【解 义】

孟子认为人有所不为，然后才能有所为。

【原 文】

8.8　孟子曰："人有不为也，而后可以有为。"

【译 文】

孟子说："人有所不为，然后才能有所为。"

---

① 不肖者：愚昧而无德行的人。

第九章

【解 义】

孟子告诫那些喜欢说人坏话的要考虑后果。

【原 文】

8.9　孟子曰:"言人之不善,当如后患何?"

【译 文】

孟子说:"说别人坏话,惹出祸来怎么办?"

第十章

【解 义】

孟子说孔子不做过头的事。

【原 文】

8.10　孟子曰:"仲尼不为已甚者。"

【译 文】

孟子说:"孔子没有过分的言行。"

第十一章

【解 义】

孟子认为,若是合乎大义,可以推翻自己的诺言。

【原 文】

8.11　孟子曰:"大人者,言不必信,行不必果,惟义所在。"

【译 文】

孟子说:"作为大人,言不必信,行不必果,一切以大义为标准。"①

第十二章

【解 义】

孟子认为大人是不丢失纯真童心的人。

【原 文】

8.12　孟子曰:"大人者,不失其赤子之心者也。"

【译 文】

孟子说:"所谓大人,就是没有失掉赤子之心的人。"

---

① 诺言不一定要信守,行为不一定坚持到底,如果言、行不合乎义,就要改变。

第十三章

【解 义】

养生与送死，二者比较，孟子认为送死才是大事。

【原 文】

8.13 孟子曰："养生者不足以当大事，惟送死可以当大事。"

【译 文】

孟子说："对父母生前的赡养算不得大事，只有送终才可以算是大事。"

第十四章

【解 义】

本章孟子论述学道贵在自得。

【原 文】

8.14 孟子曰:"君子深造之以道,欲其自得之也。自得之,则居之安;居之安,则资之深;资之深,则取之左右逢其原,故君子欲其自得之也。"

【译 文】

孟子说:"君子学道不断深造,为的是有所自得。自得的东西,掌握着就心安;掌握着心安,领会得就深刻;领会得深刻,用起来就左右逢源,得心应手,所以君子力求有所自得。"

第十五章

【解 义】

孟子说博学详说的目的是为了反约。

【原 文】

8.15 孟子曰:"博学而详说之,将以反说约也。"

【译 文】

孟子说:"广博学习、详细解说,目的是为了返归简约。"

第十六章

【解 义】

本章孟子论述,只有使天下人心服,才能称王天下。

【原文】

8.16 孟子曰:"以善服人者,未有能服人者也。以善养人,然后能服天下。天下不心服而王者,未之有也。"

【译文】

孟子说:"让人们服从善,人们是不会服从的。用善来感化熏陶人,就能使天下人服从。天下人不心服而能称王天下的,从来没有。"

第十七章

【解义】

孟子认为压制贤才的言论不吉祥。

【原文】

8.17 孟子曰:"言无实不祥。不祥之实,蔽贤者当

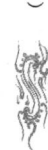

之。"

【译文】

孟子说:"言论没有什么内容是不好的。这个不好的结果,和遮蔽贤德的人一样。"

第十八章

【解义】

孟子认为,无论什么事情,包括人的声名,如果能像有源之水那样源远流长,才是可取的。

【原文】

8.18 徐子曰:"仲尼亟称于水,曰:'水哉,水哉!'何取于水也?"孟子曰:"原泉混混,不舍昼夜。盈科而后进,放乎四海。有本者如是,是之取尔。苟为无本,七八月之间雨集,沟浍皆盈,其涸也,可立而待也。故声闻过情,君子耻之。"

【译文】

徐辟问:"孔子多次称赞水,说:'水啊,水啊!'他从水那里吸取的是什么呢?"孟子说:"有源之水滚滚流淌,不分昼夜。流满了坑洼就继续前进,奔向大海。水是这样地有根本,所以有所吸取。假若没有根本,就像七八月间雨水集中,沟满渠平,它的干涸可立等而待。所以名声超过实际,是君子感到耻辱的。"

第十九章

【解义】

孟子在这一章提出了一个著名的命题:"人之所以异于禽兽者几希",所差仅在于行不行仁义。

【原文】

8.19 孟子曰:"人之所以异于禽兽者几希,庶民去之,君子存之。舜明于庶物,察于人伦,由仁义行,非行仁义也。"

【译文】

孟子说:"人和禽兽的差别仅是那么一点点,普通百姓丢掉了,君子还保留着。舜精通万物之理,明察人伦,遵循仁义行事,不是推行仁义。"

第二十章

【解 义】

本章孟子赞扬古代的圣人。

【原 文】

8.20 孟子曰:"禹恶旨酒而好善言。汤执中,立贤无方。文王视民如伤,望道而未之见。武王不泄迩,不忘远。周公思兼三王,以施四事,其有不合者,仰而思之,夜以继日,幸而得之,坐以待旦。"

【译 文】

孟子说:"大禹不喜欢美酒却喜欢良言。汤处事中正,提拔贤才不拘一格。周文王看待人民都像受了伤害一样值得怜悯，他看到了道却好像自己还没有看见。武王不过分亲近近臣，也不忘记远臣。周公想兼有这三代君王的美德，这四件事情全部实行，如有不能符合的，就反复思考，夜以继日，想通了，就坐以待旦①（准备实行）。"

第二十一章

【解　义】

孟子论述《春秋》形成的历史背景。

【原　文】

8.21　孟子曰："王者之迹熄而《诗》亡，《诗》亡然后《春秋》作。晋之《乘》、楚之《梼杌》、鲁之《春秋》，一也。其事则齐桓、晋文，其文则史。孔子曰：'其义则丘窃取之矣。'"

---

① 旦：天亮。坐以待旦，形容准备实行的心情急切。

【译 文】

孟子说:"王者的行事之道无人实行,《诗》也随之消亡;《诗》消亡,《春秋》就出现了。①晋国的《乘》、楚国的《梼杌》、鲁国的《春秋》,是一回事。所记的事,都是齐桓公、晋文公之类的事;所用的文体,不过是史官的文体。孔子说:'它所表达的意思,却是我自己确定的。'"

第二十二章

【解 义】

孟子阐述自己对孔子学说的推崇和学习。

【原 文】

8.22　孟子曰:"君子之泽,五世而斩;小人之泽,五世而斩。予未得为孔子徒也,予私淑诸人也。"

---

① 赵岐注:"王者,谓圣王也。太平道衰,王迹止熄,颂声不作,故《诗》亡。《春秋》拨乱,作于衰世也。"

【译文】

孟子说:"君子的遗风,五代以后传统中断①;小人的遗风,五代以后传统中断。我没有能够做孔子的门徒,我自己推崇并向人学来了孔子之道。"

第二十三章

【解义】

孟子论述不同情况下弃取、生死的原则。

【原文】

8.23 孟子曰:"可以取,可以无取,取伤廉;可以与,可以无与,与伤惠;可以死,可以无死,死伤勇。"

【译文】

孟子说:"可以取,也可以不取,拿取了就伤害廉洁;可

---

① 古人一般认为一代三十年。从孔子去世到孟子出生,不到一百年。君子遗风,还未到中断的时候。

以给予，也可以不给予，给予了就损害恩惠；可以死，也可以不死，去死就损害了勇①。"

第二十四章

【解义】

本章孟子评论羿被自己的弟子杀死，自己也有没选好人的责任。

【原文】

8.24　逢蒙学射于羿，尽羿之道，思天下惟羿为愈己，于是杀羿。孟子曰："是亦羿有罪焉。"公明仪曰："宜若无罪焉。"曰："薄乎云尔，恶得无罪？郑人使子濯孺子侵卫，卫使庾公之斯追之。子濯孺子曰：'今日我疾作，不可以执弓，吾死矣夫！'问其仆曰：'追我者谁也？'其仆曰：'庾公之斯也。'曰：'吾生矣。'其仆曰：'庾公之斯，卫之善射者也。夫子曰吾生，何谓也？'曰：

---

① 勇：勇气，勇敢，古代士人的一种美德。

'庚公之斯学射于尹公之他,尹公之他学射于我。夫尹公之他,端人也,其取友必端矣。'庚公之斯至,曰:'夫子何为不执弓?'曰:'今日我疾作,不可以执弓。'曰:'小人学射于尹公之他,尹公之他学射于夫子。我不忍以夫子之道反害夫子。虽然,今日之事,君事也,我不敢废。'抽矢,扣轮去其金,发乘矢而后反。"

【译文】

逢蒙跟羿①学射箭,完全学会了羿的技术,他想,天下只有羿比自己强,于是就杀了羿。孟子说:"羿也是有责任的。"公明仪说:"羿应该是无罪的吧。"孟子说:"不大罢了,怎能没有责任?郑国派子濯孺子侵犯卫,卫派庚公之斯追击。子濯孺子说:'今天我犯病了,拉不开弓,我要死了!'问他的驭手②:'追我的是谁?'驭手说:'庚公之斯。'孺子说:'我可以活了。'驭手说:'庚公之斯,是卫国的优秀射手。先生说自己可以活,是什么道理呢?'孺子说:'庚公之斯跟尹公之他学射,尹公之他跟我学射。尹公之他,是正派人,他的朋友也一定正派。'庚公之斯追上了,问:'先生您为什么不拉弓?'答:'今天我犯病了,拉不开弓。'庚公说:'晚辈我跟尹公之他学射,尹公之他跟先生学射。我不忍心用先生的技术

---

① 羿:上古有穷国的君主,擅长射箭。逢蒙是他的学生。
② 古代作战用车,战车有专门的驭手。

伤害先生。虽然如此,今天的事,是君主的命令,我不能失职。'说完抽出箭,在车轮上磕掉箭头,射了四箭,然后返回。"

第二十五章

【解义】

本章孟子通过比喻,鼓励人们向善。

【原文】

8.25 孟子曰:"西子蒙不洁,则人皆掩鼻而过之。虽有恶人,齐戒沐浴,则可以祀上帝。"

【译文】

孟子说:"即使西施①沾上了脏东西,别人经过她跟前也会捂住鼻子。即使面貌丑陋的,如果斋戒沐浴,也可以祭祀上帝。"

---

① 西施:春秋时代越国的美女。

第二十六章

【解义】

本章是孟子对人性的一篇重要论述。孟子认为,当时人们讨论人性,其根据只是"故"罢了。故,朱熹《四书集注》解为"已然之迹",即以往的事迹。孙奭《孟子疏》认为赵岐注"故"是"事",过去的事。朱熹注和赵、孙在这一点上一致。但赵、孙认为,根据"故"推论本性是不对的。比如:赵说,用杞木、柳木做杯盘,是杞、柳的往事,但作杯盘却不是杞、柳的本性。孙认为这一段孟子的意思是说,当时人们所说的性都不是性,仅是往事。朱熹则认为,孟子是主张因"故"言"性"的:"故天下之言性者,但言其故而理自明。"我们认为赵注孙疏较合孟子原意。

【原文】

8.26 孟子曰:"天下之言性也,则故而已矣。故者以利为本。所恶于智者,为其凿也。如智者若禹之行水也,则无恶于智矣。禹之行水也,行其所无事也。如智者亦行其所无事，则智亦大矣。天之高也，星辰之远也，苟求其故，千岁之日至，可坐而致也。"

【译 文】

孟子说："天下对本性的讨论，说的都不过是往事罢了。往事的根据都是如何有利。之所以在这里厌恶聪明，是由于聪明使人穿凿。假如聪明人像大禹行水，就不厌恶聪明了。大禹行水，让水自然行走而自己无所干涉。假如聪明人也顺其自然而无所干涉，那样他的智慧就大了。天那样的高啊，星辰那样的远啊，假如研究它们的往事，千年以后的冬至，也可推算出来。①"

第二十七章

【解 义】

本章描述了孟子如何以礼自守、不附炎趋势的人生态度。

---

① 根据星辰的往事可推算千年以后的冬至，但推算所得的结果并不足星辰的本性。孙奭《孟子疏》认为："此所以明其前所谓故为事故之故，终于此尔。"即据往事的作用仅到此为止。

【原文】

8.27 公行子有子之丧,右师往吊。入门,有进而与右师言者,有就右师之位而与右师言者。孟子不与右师言。右师不悦,曰:"诸君子皆与驩言,孟子独不与驩言,是简驩也。"孟子闻之,曰:"礼,朝廷不历位而相与言,不逾阶而相揖也。我欲行礼,子敖以我为简,不亦异乎?"

【译文】

公行子①儿子死了,右师②去吊丧。他一进门,就有人迎上去和他说话,(坐下后)又有人到他的位置上和他说话。孟子不过去和右师说话。右师不高兴了,说:"诸位君子都和我王驩说话,只有孟子不和我说话,这是怠慢我王驩啊。"孟子听到了,说:"按照礼制,朝廷之上不能越位交谈,也不能越过等级相互作揖。我要按礼制行事,子敖认为我是怠慢他,这不是很奇怪吗?"

---

① 公行子:齐国大夫。
② 右师:名王驩。

第二十八章

【解义】

孟子认为,君子和一般人的不同,就在于君子存有一颗和一般人不同的心。

【原文】

8.28 孟子曰:"君子所以异于人者,以其存心也。君子以仁存心,以礼存心。仁者爱人,有礼者敬人。爱人者,人恒爱之;敬人者,人恒敬之。有人于此,其待我以横逆,则君子必自反也:我必不仁也,必无礼也,此物奚宜至哉?其自反而仁矣,自反而有礼矣,其横逆由是也,君子必自反也:我必不忠。自反而忠矣,其横逆由是也,君子曰:'此亦妄人也已矣。如此,则与禽兽奚择哉?于禽兽又何难焉?'是故君子有终身之忧,无一朝之患也。乃若所忧则有之:舜,人也;我,亦人也。舜为法于天下,可传于后世,我由未免为乡人也,是则可忧也。忧之如何?如舜而已矣。若夫君子所患，则亡矣。非仁无为也，非礼无行也。如有一朝之患，则君子不患矣。"

【译文】

　　孟子说："君子之所以和别人不同，就在于他所存的心。君子心里存的是仁，存的是礼。仁者爱别人，有礼者敬别人。爱别人，人就永远爱他；敬别人，人就永远敬他。假如有人对自己蛮横无理，君子就必然自我反省：我一定是不仁，一定是无礼，不然的话，他怎么能用这种态度对我？于是君子自我反省而更仁了，自我反省而更有礼了，那人的蛮横无理仍然不变，君子必定又自我反省：我一定不忠。君子自我反省而更忠了，那人的蛮横无理仍然不变，这时候君子就会说：'这不过是个狂妄的家伙罢了。像这样的人，和禽兽有什么区别？和禽兽有什么可计较的？'所以君子有终身的忧愁，却没有突发的祸患。他们的忧愁是这样的：舜是人，我也是人。舜给天下人做出了榜样，可以流传千秋万代，我却免不了做个平民百姓，这是可忧愁的。忧愁又怎么样？要像舜那样就是了。至于君子所担心的事，是没有的。不是仁的事情不做，不合礼的事情不做。即使遭到突发的祸患，君子也不放在心上。"

第二十九章

【解义】

孟子评论禹、稷和颜回是一样的贤人。

【原文】

8.29 禹、稷当平世,三过其门而不入,孔子贤之。颜子当乱世,居于陋巷,一箪食,一瓢饮,人不堪其忧,颜子不改其乐,孔子贤之。孟子曰:"禹、稷、颜回同道。禹思天下有溺者,由己溺之也;稷思天下有饥者,由己饥之也。是以如是其急也。禹、稷、颜子,易地则皆然。今有同室之人斗者,救之,虽被发缨冠而救之,可也;乡邻有斗者,被发缨冠而往救之,则惑也,虽闭户可也。"

【译文】

禹、稷生当太平年代,三次路过家门而不回家①,孔子称

---

① 一般说法是大禹治水三过家门而不入,没有稷。

赞他们是贤人。颜回生当乱世,住在偏僻小巷,一盒饭,一瓢水,别人愁得受不了,颜回却始终很快乐,孔子称赞他是贤人。孟子说:"禹、稷和颜回是同道。禹想到天下有人被水淹没,就像自己被淹没;稷想到天下有人挨饿,就像自己挨饿一样。所以他们是这样的焦急。禹、稷和颜回如果换个位置,也都会那样的。假如同室有人斗殴,要救他们,即使披头散发去救,也是对的;如果乡邻有人斗殴,披头散发去救,就犯傻了,这时即使关起门来也是对的。"

第三十章

【解义】

孟子评论匡章不是不孝。

【原文】

8.30 公都子曰:"匡章,通国皆称不孝焉。夫子与之游,又从而礼貌之,敢问何也?"孟子曰:"世俗所谓不孝者五:惰其四支,不顾父母之养,一不孝也;博奕好饮酒,不顾父母之养,二不孝也;好货财,私妻子，不顾父母之养，三不孝也；从耳目之欲，以为父母戮，四不孝也；好勇斗很，以危父母，五不孝也。章子有一于是乎？夫章子，子父责善而不相遇也。责善，朋友之道也；父子责善，贼恩之大者。夫章子，岂不欲有夫妻子母之属哉？为得罪于父，不得近，出妻屏子，终身不养焉。其设心以为不若是，是则罪之大者，是则章子已矣。"

【译文】

公都子说："匡章①，满城的人都说他不孝。先生您和他来往，并且以礼相待，请问是什么原因呢？"孟子说："世俗所说的不孝有五种表现：身体懒惰，不顾父母，是第一种；下棋喝酒，不顾父母，是第二种；贪爱钱财，偏爱妻子儿女，不顾父母，是第三种；放纵声色欲望，使父母蒙受羞辱，是第四种；好逞勇玩命，危及父母，是第五种。章子有其中一条吗？章子，不过是父子之间以向善相责备而意见不合罢了。以向善相责备，是朋友相处之道；父子以向善相责备，是最伤感情的。章子难道不想有夫妻母子吗？只是因为得罪了父亲，不能和父亲亲近，就赶走了妻子儿女，一辈子不让他们侍奉。他心里认为如果不这样做，自己的罪过就更大，这就是章子的为人罢了。"

① 匡章：齐国人。

第三十一章

【解义】

本章孟子评论曾子和子思在敌寇到来时的不同做法,是因为面临的情况不同,自己的身份、职责不同。

【原文】

8.31 曾子居武城,有越寇。或曰:"寇至,盍去诸?"曰:"无寓人于我室,毁伤其薪木。"寇退,则曰:"修我墙屋,我将反。"寇退,曾子反。左右曰:"待先生如此其忠且敬也,寇至则先去以为民望,寇退则反,殆于不可。"沈犹行曰:"是非汝所知也。昔沈犹有负刍之祸,从先生者七十人,未有与焉。"子思居于卫,有齐寇。或曰:"寇至,盍去诸?"子思曰:"如伋去,君谁与守?"孟子曰:"曾子、子思同道。曾子,师也,父兄也;子思,臣也,微也。曾子、子思易地则皆然。"

【译 文】

　　曾子住在武城①,有越国的军队进犯。有人说:"敌寇来了,何不躲避一下?"曾子说:"不要让别人住我的屋,破坏那些树木。"敌军撤退,曾子就说:"把我的院墙屋子修一修,我就要回来。"敌军撤退,曾子回来了。弟子们说:"武城官员们对先生是这样的忠诚恭敬,敌军来了您却率先离开,让百姓们都跟着学样,敌军退走就回来,这样不太好吧。"沈犹行②说:"这个你们就不懂了。过去负刍③作乱来攻打我,当时和先生在一起的有七十人,也没有和我共患难。"子思④住在卫国,齐军来进犯。有人说:"敌军来了,何不躲避一下?"子思说:"假若我离开了,谁和君主一起守城?"孟子说:"曾子、子思,做人之道完全相同。曾子,是老师,是父兄前辈;子思,是臣,地位低微。曾子、子思换个位置,也都会那样。"

---

① 武城:鲁国的城邑。
② 沈犹行:曾子弟子。
③ 负刍:赵岐注认为是人名。
④ 子思:孔子之孙。

第三十二章

【解 义】

孟子说,圣贤的外貌和常人一样。

【原 文】

8.32　储子曰:"王使人瞯夫子,果有以异于人乎?"孟子曰:"何以异于人哉?尧、舜与人同耳。"

【译 文】

储子①说:"大王派人偷偷地看看您,看到底和别人有什么不一样。"孟子说:"和人有什么不一样呢?尧、舜和普通人也都是一样的。"

---

①　储子:齐国人。

第三十三章

【解 义】

本章借"齐人有一妻一妾"的故事,讽刺那些暗里奴颜卑膝,明里又趾高气扬炫耀自己的家伙。

【原 文】

8.33 齐人有一妻一妾而处室者,其良人出,则必餍酒肉而后反,其妻问所与饮食者,则尽富贵也。其妻告其妾曰:"良人出,则必餍酒肉而后反,问其与饮食者,尽富贵也,而未尝有显者来。吾将瞷良人之所之也。"蚤起,施从良人之所之,遍国中无与立谈者。卒之东郭墦间,之祭者乞其余,不足,又顾而之他,此其为餍足之道也。其妻归,告其妾,曰:"良人者,所仰望而终身也,今若此!"与其妾讪其良人,而相泣于中庭。而良人未之知也,施施从外来,骄其妻妾。由君子观之,则人之所以求富贵利达者,其妻妾不羞也而不相泣者,几希矣!

【译文】

　　齐国有个有一妻一妾的人家,每次丈夫外出,都是吃得酒足饭饱地回来。妻子问及一起喝酒的人,都是达官显贵。妻子对他的妾说:"丈夫外出,都是吃得酒足饭饱地回来,问及一起喝酒的,都是达官显贵,却不见显贵们到家里来。我要看看丈夫到底到哪里去了。"第二天一早,她远远地跟在丈夫后面,看到走遍全城,没有人跟他丈夫停下说句话的。最后她丈夫走到东郊墓地,向扫墓的人乞讨祭后的食品,一家不够,又东张西望到另一家乞讨,这就是他酒足饭饱的办法。妻子回来,告诉他的妾说:"嫁个丈夫,指望的是终身有靠,没想到他竟是这样的一个人!"妻妾一起怨恨她们的丈夫,在家里抱头痛哭。她们的丈夫还不知道,得意洋洋地从外面回来,向他的妻妾炫耀。从君子的眼里看来,那些追求荣华富贵、飞黄腾达的家伙,他们的妻妾不因羞愧而抱头痛哭的,是非常少的!

第五篇（上） 万章（上）

共九章

【解 题】

　　万章，是孟子的弟子。本章从议论舜如何处理家庭关系开始，说到尧与舜的禅让，古代贤人如何寻找贤明的君主，君主如何对待贤士，以及士人之间如何交友的道理。前四篇从王道仁政的内容讲到行王道仁政者的个人修养，这一篇则进而谈到仁者之间的人事关系。对于这些关系，古代有许多传说。比如尧把天下让给了舜，伊尹依靠自己的烹调技术说动了汤。但在孟子看来，这些都只是表面现象。在这些现象背后，起作用的是天意，是正道。是天把天下给了舜而不是尧，伊尹用自己的道说动了汤，而不是烹调技术。这一篇的议论再次说明，天意、正道，乃是孟子立论的最终根据。本篇最后，谈到孟子以正道处世的一些言论和事迹。

第一章

【解 义】

孟子通过舜对待父母的态度,讲述了孝的重要。认为即使贵为天子,财宝美女应有尽有,如果得不到父母的欢心,也没有快乐可言。

【原 文】

9.1 万章问曰:"舜往于田,号泣于旻天,何为其号泣也?"孟子曰:"怨慕也。"万章曰:"父母爱之,喜而不忘;父母恶之,劳而不怨。然则舜怨乎?"曰:"长息问于公明高曰:'舜往于田,则吾既得闻命矣。号泣于旻天、于父母,则吾不知也。'公明高曰:'是非尔所知也。'夫公明高以孝子之心,为不若是恝,我竭力耕田,共为子职而已矣,父母之不我爱,于我何哉?帝使其子九男二女,百官牛羊仓廪备,以事舜于畎亩之中。天下之士多就之者,帝将胥天下而迁之焉。为不顺于父母,如穷人无所归。天下之士悦之,人之所欲也,而不足以解忧；好色，人之所欲，妻帝之二女，而不足以解忧；富，人之所欲，富有天下，而不足以解忧；贵，人之所欲，贵为天子，而不足以解忧。人悦之、好色、富贵，无足以解忧者，惟顺于父母可以解忧。人少，则慕父母；知好色，则慕少艾；有妻子，则慕妻子；仕则慕君，不得于君则热中。大孝终身慕父母。五十而慕者，予于大舜见之矣。"

【译文】

万章问道："舜去耕田①，对着上天呼喊哭泣，他为什么哭泣呢？"孟子说："怨恨自己，思念父母。"万章说："父母爱自己，欢喜而不忘记；父母厌恶自己，劳苦而不怨恨。②那么舜怨恨父母吗？"孟子说："长息问公明高③说：'舜去耕田，我已经知道是怎么回事了。对着上天呼喊哭泣，这样对待父母，我就不知是怎么回事了。'公明高说：'这是你所不能懂得的。'在公明高看来，孝子的心肠，是不会像少心没肝一样的，我努力耕田，尽到我做儿子的责任就是了，父母不喜欢我，我有什么办法呢？帝尧派自己的孩子九男二女，和文武百官一起，带着牛羊、粮食，到田野里去事奉舜。天下的士人也

---

① 传说舜幼年丧母，父亲瞽瞍再娶，继母生象。象鼓动父母千方百计虐待、陷害舜。到历山耕田，是舜遭虐待的事件之一。
② 万章所引，是曾子原话。参见《礼记·祭义》。
③ 长息：公明高弟子。公明高：曾子弟子。

有许多来投奔的，帝尧也打算把天下让给舜。只是因为得不到父母的欢心，舜就像走投无路的人那样觉得无家可归。天下的士人都爱戴自己，是人人都有的愿望，然而却解不了舜的忧愁。美丽的姑娘，人人都想得到的，娶了帝尧的两个女儿，然而却解不了舜的忧愁；富有是人人都希望的，富到整个天下都归自己所有，然而却解不了舜的忧愁；尊贵是人人都盼望的，尊贵到做了天子，然而却解不了舜的忧愁。人人爱戴、美丽的姑娘、富有、尊贵，都解不了舜的忧愁，因为只有得到父母欢心才可以解忧。人在幼年，思念父母；懂得爱情，就思念少女；有了妻子，就思念妻子；出仕就思念君主，得不到君主欢心就心中烦躁。大孝子终身思念父母。五十岁还思念父母，我在伟大的舜身上看到了。"

第二章

【解义】

本章孟子和万章讨论舜不报告父母就娶妻的道理，讨论舜如何对待自己同父异母的弟弟象。

【原 文】

9.2 万章问曰:"《诗》云:'娶妻如之何?必告父母。'信斯言也,宜莫如舜。舜之不告而娶,何也?"孟子曰:"告则不得娶。男女居室,人之大伦也。如告,则废人之大伦,以怼父母,是以不告也。"万章曰:"舜之不告而娶,则吾既得闻命矣。帝之妻舜而不告,何也?"曰:"帝亦知告焉则不得妻也。"万章曰:"父母使舜完廪,捐阶,瞽瞍焚廪。使浚井,出,从而掩之。象曰:'谟盖都君咸我绩。牛羊父母,仓廪父母,干戈朕,琴朕,弤朕,二嫂使治朕栖。'象往入舜宫,舜在床琴。象曰:'郁陶思君尔。'忸怩。舜曰:'惟兹臣庶,汝其于予治。'不识舜不知象之将杀己与?"曰:"奚而不知也?象忧亦忧,象喜亦喜。"曰:"然则舜伪喜者与?"曰:"否。昔者有馈生鱼于郑子产,子产使校人畜之池。校人烹之,反命曰:'始舍之圉圉焉。少则洋洋焉,攸然而逝。'子产曰:'得其所哉!得其所哉!'校人出,曰:'孰谓子产智?予既烹而食之,曰:得其所哉!得其所哉!'故君子可欺以其方,难罔以非其道。彼以爱兄之道来,故诚信而喜之,奚伪焉?"

【译 文】

万章问道:"《诗经·南山》说:'娶妻怎么办?一定报告

父母。'信奉这话的,应该是没人能赶上舜。舜不报告父母就娶妻,为什么呢?"孟子说:"因为报告了就娶不成了。男女婚配,是重大的人伦。假若报告,就可能荒废这重大的人伦因而怨恨父母,所以才不报告。"万章说:"舜不报告就娶妻,我已经明白了。帝尧把女儿嫁给舜也不告诉舜的父母,为什么呢?"答:"帝尧也知道,告诉舜的父母就没法把女儿嫁给舜了。"万章说:"父母叫舜去修粮仓,舜上去以后父母就抽去了梯子,瞽瞍放火烧粮仓。让舜淘井,又从井上填土想埋掉舜,舜从井壁上挖洞逃出。象说:'设计害舜都是我的功劳。牛羊归父母,仓库归父母,武器归我,琴归我,弓归我,二位嫂嫂和我共眠。'象到舜家里,见舜坐在床上弹琴。象说:'想你闷得难受。'说着扭扭捏捏的。舜说:'我这些臣子和仆人,你替我管着吧。'不知道舜是不是不晓得象曾谋杀自己?"孟子说:"怎么不知道?不过是象忧愁,他也忧愁,象高兴,他也高兴。"万章说:"那么舜是假装高兴的吗?"孟子说:"不是。从前有人送给郑国子产一条活鱼,子产让管池塘的把鱼养在池里。管池塘的把鱼煮吃了,却报告说:'刚放进池里,它半死不活的。过了一会就游了起来,刺溜一下就不见了。'子产说:'到它该去的地方了!到它该去的地方了!'管池塘的出来,说:'谁说子产聪明?我把鱼煮吃了,他还说:到它该去的地方了!到它去的地方了。'所以君子可被合乎情理的谎言欺骗,难以被不合常规的诡计愚弄。象以爱戴哥哥的方式到来,所以舜完全相信并非常喜欢,哪里是什么假装呢?"

第三章

【解义】

孟子认为,舜做了天子以后,对弟弟宽容是正确的。

【原文】

9.3 万章问曰:"象日以杀舜为事,立为天子,则放之,何也?"孟子曰:"封之也,或曰放焉。"万章曰:"舜流共工于幽州,放驩兜于崇山,杀三苗于三危,殛鲧于羽山。四罪而天下咸服,诛不仁也。象至不仁,封之有庳。有庳之人奚罪焉?仁人固如是乎?在他人则诛之,在弟则封之。"曰:"仁人之于弟也,不藏怒焉,不宿怨焉,亲爱之而已矣。亲之欲其贵也,爱之欲其富也。封之有庳,富贵之也。身为天子,弟为匹夫,可谓亲爱之乎?""敢问或曰放者,何谓也?"曰:"象不得有为于其国,天子使吏治其国,而纳其贡税焉,故谓之放。岂得暴彼民哉?虽然,欲常常而见之,故源源而来。'不及贡，以政接于有庳'，此之谓也。"

【译文】

　　万章问道："象天天以谋杀舜为正业，舜做了天子，却仅仅流放他，为什么呢？"孟子说："是封他，有人说是流放。"万章说："舜把共工流放到幽州，把驩兜驱逐到崇山，在三危镇压了三苗的君主，在羽山处死了鲧①。惩罚了四起大罪，天下就普遍拥护，因为惩罚了不仁的人。象是最不仁的人，却封在有庳②。有庳的百姓犯了什么罪呢？仁人难道可以这样做事吗？对于别人就杀，对自己的弟弟就封。"孟子说："仁人对自己的弟弟，不记旧仇，不怀宿怨，只是亲爱这一条心。亲他想让他尊贵，爱他想让他富有。封到有庳，是让他富贵。自己身为天子，让弟弟做平民百姓，能算是亲爱吗？""请问有人说是流放什么意思呢？"孟子说："象不能在自己的封国里为所欲为，天子派官吏治理他的国家，百姓们只向他交贡纳税，所以说是流放。这样，象怎能暴虐他的百姓呢？虽然这样，舜总是想常常看到他，所以象常常来朝哥哥。'不等进贡的时候，假借政事接见有庳国君'③，说的就是这件事。"

---

① 共工：官名。驩兜，人名。三苗：国名。鲧：人名，禹的父亲。幽州、崇山、三危、羽山，都是地名。
② 有庳：地名。
③ 这一句是孟子引用古书的话，有人怀疑是《尚书》佚文。

第四章

【解 义】

本章孟子论述舜做了天子以后如何处理自己和尧以及父亲的关系,并论述解诗应认真体会作者原意。

【原 文】

9.4 咸丘蒙问曰:"语云:'盛德之士,君不得而臣,父不得而子。'舜南面而立,尧帅诸侯北面而朝之,瞽瞍亦北面而朝之。舜见瞽瞍,其容有蹙。孔子曰:'于斯时也,天下殆哉,岌岌乎!'不识此语诚然乎哉?"孟子曰:"否。此非君子之言,齐东野人之语也。尧老而舜摄也。《尧典》曰:'二十有八载,放勋乃徂落,百姓如丧考妣。三年,四海遏密八音。'孔子曰:'天无二日,民无二王。'舜既为天子矣,又帅天下诸侯以为尧三年丧,是二天子矣。"咸丘蒙曰:"舜之不臣尧,则吾既得闻命矣。《诗》云:'普天之下,莫非王土;率土之滨,莫非王臣。'而舜既为天子矣,敢问瞽瞍之非臣,如何?"曰:"是诗也,非是之谓也。劳于王事,而不得养父母也。曰:'此莫非王事,我独贤劳也。'故说诗者,不以文害辞,不以辞害志。以意逆志,是为得之。如以辞而已矣,《云汉》之诗曰:'周余黎民,靡有孑遗。'信斯言也,是周无遗民也。孝子之至,莫大乎尊亲;尊亲之至,莫大乎以天下养。为天子父,尊之至也;以天下养,养之至也。《诗》曰:'永言孝思,孝思维则。'此之谓也。《书》曰:'祗载见瞽瞍,夔夔斋栗,瞽瞍亦允若。'是为父不得而子也?"

【译 文】

咸丘蒙①问道:"古人说:'道德高尚的人,君主不能以他为臣,父亲不能以他为子。'舜作为天子面向南站立,尧率领诸侯面向北朝拜他。瞽瞍也面向北向舜朝拜。舜看见瞽瞍,面带不安。孔子说:'这时候,天下岌岌可危了!'不知孔子是不是真的说了这话?"孟子说:"没有。这不是君子的话,而是齐国东部野蛮人的话。尧年老,由舜代理。《尧典》说:'二十八年过去,放勋②逝世,百姓们像死了父母。三年之内,普天下停止了音乐。'孔子说:'天上没有两个太阳,老百姓没有两个王。'舜假若做了天子,又率领天下诸侯为尧服

---

① 咸丘蒙:孟子弟子。
② 放勋:尧的名字。

三年丧，那就是两个天子了。"咸丘蒙说："舜没有把尧当作臣，我已经知道了。《诗经·北山》篇说：'普天之下，没有不是王的土地；直到土地尽头，没人不是王的臣民。'舜既然做了天子，请问瞽瞍不做臣子是什么道理？"孟子说："这首诗，讲的不是这个意思。这是作诗的人抱怨自己为王事辛劳，而不能赡养父母。说：'这没一样不是天子的事，为什么只让我能干的人操劳。'所以讲解诗的人，不可因为个别字曲解全句，不可因为个别句曲解作者的意思。用心体会作者的意思，这才是理解诗的真意。假若仅仅根据字句，那么《云汉》这首诗说：'周朝余下的百姓，一个也留不下。'假若这话说的确实，那么周朝就没有一个百姓留下了。孝子最高的表现，没有超过尊敬父母的；尊敬父母的极点，没有超过以整个天下赡养父母的。做天子的父亲，是尊贵的极点；以整个天下养活父母，是赡养的极点。《诗经·下武》篇说：'念念不忘尽孝，尽孝做天下的榜样。'就是这个意思。《尚书·大禹谟》篇说：'舜恭恭敬敬地去见瞽瞍，谨慎又小心，瞽瞍也诚恳而温顺。'这难道是父亲不能以他为子吗？"

第五章

【解 义】

孟子论述不是尧把天下让给了舜,而是天把天下给了舜。天意的表现,在于民心。

【原 文】

9.5 万章曰:"尧以天下与舜,有诸?"孟子曰:"否。天子不能以天下与人。""然则舜有天下也,孰与之?"曰:"天与之。""天与之者,谆谆然命之乎?"曰:"否。天不言,以行与事示之而已矣。"曰:"以行与事示之者,如之何?"曰:"天子能荐人于天,不能使天与之天下。诸侯能荐人于天子,不能使天子与之诸侯。大夫能荐人于诸侯,不能使诸侯与之大夫。昔者,尧荐舜于天而天受之,暴之于民而民受之。故曰:天不言,以行与事示之而已矣。"曰:"敢问荐之于天而天受之,暴之民而民受之,如何?"曰:"使之主祭而百神享之,是天受之。使之主事而事治,百姓安之,是民受之也。天与之，人与之，故曰：天子不能以天下与人。舜相尧二十有八载，非人之所能为也，天也。尧崩，三年之丧毕，舜避尧之子于南河之南。天下诸侯朝觐者，不之尧之子而之舜；讼狱者，不之尧之子而之舜；讴歌者，不讴歌尧之子而讴歌舜。故曰天也。夫然后之中国，践天子位焉。而居尧之宫，逼尧之子，是篡也，非天与也。《泰誓》曰：'天视自我民视，天听自我民听。'此之谓也。"

【译文】

万章问："尧把天下给了舜，有这回事吗？"孟子说："没有。天子不能够把天下给别人。""那么舜有天下，是谁给的呢？"孟子说："天给的。""天给的，是像人一样再三叮嘱的吗？"孟子说："不是。天不说话，用人的行为和处事表示罢了。"问："用人的行为和处事表示是怎么样的？"孟子说："天子能向天推荐人，却不能让天给他天下。诸侯能向天子推荐人，却不能让天子封他为诸侯。大夫能向诸侯推荐人，却不能让诸侯任命他为大夫。从前尧把舜推荐给天，天接受了；又向百姓公布，百姓们也接受了。所以说：天不说话，用人的行为和处事表示罢了。"问："请问推荐给天，天接受；向百姓公布，百姓接受，是怎么样的？"孟子说："让舜主祭，所有的神明都来享用，这是天接受了。让舜管事，舜管得井井有条，百姓安宁，这是百姓们接受了。天给他，百姓给他，所说是：'天子不能把天下送人。'舜辅佐尧二十八年，不是人能办到的，是天啊！尧逝世，守丧三年以后，舜为避让尧的儿子到了南河南岸。天下诸侯来朝觐的，不朝见尧的儿子却朝见舜；诉讼的，不去找尧的儿子而去找舜；唱颂歌的，不歌颂尧的儿子而歌颂舜。所以说，这是天意。然后舜才到都城，登天子位。假若住进尧的宫室，逼迫尧的儿子，那是篡夺，不是天的授与。《尚书·泰誓》篇说：'天的看，用老百姓的眼睛看；天的听，用老百姓的耳朵听。'说的就是这个意思。"

第六章

【解 义】

本章孟子论述大禹传子，不是儿子德行不如尧、舜，而是因为儿子贤能，天把天下给了禹的儿子。

【原 文】

9.6 万章问曰："人有言：'至于禹而德衰，不传于贤而传于子。'有诸？"孟子曰："否，不然也。天与贤，则与贤；天与子，则与子。昔者舜荐禹于天，十有七年，舜崩。三年之丧毕，禹避舜之子于阳城。天下之民从之，若尧崩之后，不从尧之子而从舜也。禹荐益于天，七年，禹崩。三年之丧毕，益避禹之子于箕山之阴。朝觐讼狱者不之益而之启，曰：'吾君之子也。'讴歌者不讴歌益而讴歌启，曰：'吾君之子也。'丹朱之不肖，舜之子亦不肖。舜之相尧、禹之相舜也，历年多，施泽于民久。启贤，能敬承继禹之道。益之相禹也，历年少，施泽于民未久。舜、禹、益，相去久远，其子之贤不肖，皆天也，非人之所能为也。莫之为而为者，天也；莫之致而至者，命也。匹夫而有天下者，德必若舜禹，而又有天子荐之者，故仲尼不有天下。继世以有天下，天之所废，必若桀纣者也，故益、伊尹、周公不有天下。伊尹相汤以王于天下。汤崩，大丁未立，外丙二年，仲壬四年。大甲颠覆汤之典刑，伊尹放之于桐。三年，大甲悔过，自怨自艾，于桐处仁迁义；三年，以听伊尹之训己也，复归于亳。周公之不有天下，犹益之于夏、伊尹之于殷也。孔子曰：'唐虞禅，夏后、殷、周继，其义一也。'"

【译文】

万章问道："有人说：'到大禹，德行就开始衰败了，天子位不再传给贤人而传给儿子。'是这样吗？"孟子说：

"不，不是这样。天要给与贤人，就给与贤人；天要给与儿子，就给与儿子。过去舜把禹推荐给天，十七年后，舜逝世。守丧三年之后，禹避让舜的儿子躲到了阳城。天下的百姓追随禹，就像尧逝世时不追随尧的儿子而追随舜一样。禹把益推荐给天，七年以后，禹逝世。守丧三年以后，益避让禹的儿子到了箕山北麓。朝觐的、诉讼的不去找益而去找启，说：'启是我们君主的儿子。'唱颂歌的不歌颂益而歌颂启，说：'启是我们君主的儿子。'丹朱①不像他父亲贤能，舜的儿子也不像舜那般贤能。舜辅佐尧，禹辅佐舜，年数多，给百姓恩惠的时间久。启有贤德，能恭敬地继承禹的处事之道。益辅佐禹，年数少，给百姓恩惠的时间不长。舜、禹、益，做相的时间长短，他们儿子的贤能与否都是天意，不是人能办到的。不动手却把事情都做了的，是天意啊；没去招惹却到来的，是天命啊。一个平民却得了天下的，德行一定要像舜和禹并且又有天子推荐，所以孔子没能得到天下。继承祖宗拥有天下，天要废弃他，一定是像桀、纣这样的坏人，所以益、伊尹、周公没能拥有天下。伊尹辅佐汤在天下称王。汤逝世，太丁未能立为天子，外丙在位二年，仲壬在位四年。太甲②破坏商汤的法度，伊尹把太甲流放到桐邑③三年。太甲悔过自新，自己怨恨

---

① 丹朱：尧的儿子。
② 外丙、仲壬：都是太丁弟弟。太甲，即大甲，太丁的儿子，商汤太子，早死。
③ 桐邑：商汤墓所在地。

自己，自己改正错误，在桐邑修养仁德，培养义行。三年后，听从伊尹对自己的教训，回到了亳①。周公不能拥有天下，就像益对于夏朝、伊尹对于殷朝一样。孔子说：'唐尧、虞舜禅让，夏后、殷、周父子兄弟相继，从义这方面讲都是一样的。'"

第七章

【解 义】

孟子认为，伊尹是以尧舜之道得到了汤的信任，不是由于烹调术。

【原 文】

9.7 万章问曰："人有言，伊尹以割烹要汤，有诸？"孟子曰："否，不然。伊尹耕于有莘之野，而乐尧、舜之道焉。非其义也，非其道也，禄之以天下，弗顾也，系马千驷，弗视也。非其义也，非其道也，一介不

---

① 亳：商都。

以与人，一介不以取诸人。汤使人以币聘之，嚣嚣然曰：'我何以汤之聘币为哉？我岂若处畎亩之中，由是以乐尧、舜之道哉？'汤三使往聘之，既而幡然改曰：'与我处畎亩之中，由是以乐尧、舜之道，吾岂若使是君为尧、舜之君哉？吾岂若使是民为尧、舜之民哉？吾岂若于吾身亲见之哉？天之生此民也，使先知觉后知，使先觉觉后觉也。予，天民之先觉者也；予将以斯道觉斯民也。非予觉之而谁也？'思天下之民，匹夫匹妇有不被尧、舜之泽者，若己推而内之沟中。其自任以天下之重如此，故就汤而说之以伐夏救民。吾未闻枉己而正人者也，况辱己以正天下者乎？圣人之行不同也，或远或近，或去或不去，归絜其身而已矣。吾闻其以尧、舜之道要汤，未闻以割烹也。《伊训》曰：'天诛造攻自牧宫，朕载自亳。'"

【译文】

万章问道："有人说，伊尹借烹调术来接近汤，是这样吗？"孟子说："不，不是这样。伊尹在莘国的田野里耕作，喜欢研究尧舜之道。不合乎义，不合乎道，把整个天下作他的俸禄他都不干，一千辆马车①的马匹摆在那里他都不看。不合乎义，不合乎道，一片草叶也不给别人，一片草叶也不拿

---

① 一辆车驾四匹马。

别人的。汤派人带着礼物聘请他,他悠然自在地说:'我要汤的礼物干什么呢?哪能比得上我在田野里,以尧舜之道为乐呢?'汤三次派人去聘请他,后来他突然改变主意说:'我与其处在田野之中,以尧舜之道为快乐,哪能赶得上让我使君主成为尧舜那样的君主呢?哪能赶得上让我使百姓都成为尧舜的百姓呢?哪能赶得上在我生前就见到这一切呢?天降生了这些百姓,使先知的去觉悟后知的,使先觉的去觉悟后觉的。我,是天生百姓中的先觉者,我将用自己的道去觉悟这些百姓。不是我去觉悟他们还能是谁呢?'伊尹想着天下的百姓,有一个男子、一个妇女不能受到尧舜之道的恩惠的,就像被自己推到了沟里。他自觉地担负天下重任到了这种地步,所以找到汤并陈述讨伐夏桀、拯救百姓的道理。我没有听说过自己不端正而能端正别人的,况且羞辱自己去端正天下呢?圣人的做法不同,有的出仕,有的隐居,有的离开君主,有的不离去,归根到底,都保持自身的贞洁罢了。我听说伊尹用尧舜之道追求汤,没听说用烹调术。《尚书·伊训》说:'上帝诛杀夏桀,开始于他在牧宫①中的罪恶,我只是从亳邑开始谋划而已。'"

---

① 牧宫:夏桀的宫殿。

第八章

【解 义】

本章孟子驳斥对孔子的不正确传说,认为孔子不会住在医生、阉官家里。

【原 文】

9.8 万章问曰:"或谓孔子于卫主痈疽,于齐主侍人瘠环,有诸乎?"孟子曰:"否,不然也。好事者为之也。于卫主颜雠由。弥子之妻与子路之妻,兄弟也。弥子谓子路曰:'孔子主我,卫卿可得也。'子路以告。孔子曰:'有命。'孔子进以礼,退以义,得之不得曰'有命'。而主痈疽与侍人瘠环,是无义无命也。孔子不悦于鲁卫,遭宋桓司马将要而杀之,微服而过宋。是时孔子当阨,主司城贞子,为陈侯周臣。吾闻观近臣,以其所为主;观远臣,以其所主。若孔子主痈疽与侍人瘠环,何以为孔子?"

【译文】

万章问道:"有人说孔子在卫国住在卫君宠幸的医生家里,在齐国住在宦官瘠环家里,有这些事吗?"孟子说:"没有,没有这些事。这是那些好生事的人造出来的。孔子在卫国,住在颜雠由①家。弥子瑕②之妻和子路之妻是姊妹。弥子瑕对子路说:'孔子住我家,可以做卫国的卿。'子路告诉孔子。孔子说:'听天由命吧。'孔子前进遵守礼,后退根据义,做不做卫卿都说'听天由命'。而住医生家和住宦官家,是不根据义,也不听天由命。孔子在鲁国、卫国都不受欢迎,又遇到宋国司马向魋要截杀他,只好化了装通过宋国。这时孔子正处于危难之中,住在司城贞子③家,做了陈侯周的臣子。我听说,观察身边的臣子,看他招待的客人;观察外面的臣子,看他寄居的主人。假若孔子真的寄住在痈疽和宦官瘠环的家里,那还算什么孔子呢?"

---

① 颜雠由:《史记》作颜浊邹,卫国贤大夫。
② 弥子瑕:卫灵公宠臣。
③ 司城贞子:宋国贤大夫。

第九章

【解义】

孟子也否认百里奚以五张羊皮自卖其身,投靠秦穆公。

【原文】

9.9 万章问曰:"或曰:'百里奚自鬻于秦养牲者五羊之皮,食牛,以要秦穆公。'信乎?"孟子曰:"否,不然。好事者为之也。百里奚,虞人也。晋人以垂棘之璧与屈产之乘,假道于虞以伐虢。宫之奇谏,百里奚不谏。知虞公之不可谏而去,之秦,年已七十矣。曾不知以食牛干秦穆公之为污也,可谓智乎?不可谏而不谏,可谓不智乎?知虞公之将亡而先去之,不可谓不智也。时举于秦,知穆公之可与有行也而相之,可谓不智乎?相秦而显其君于天下,可传于后世,不贤而能之乎?自鬻以成其君,乡党自好者不为,而谓贤者为之乎?"

【译文】

万章问道:"有人说:'百里奚自卖其身给秦国养牲畜

的，得了五张羊皮，为人家喂牛，以接近秦穆公。'是真的吗？"孟子说："不，不是这样的。这是好生事的人造出来的。百里奚，是虞国人。晋国人用垂棘地区所产的玉璧和屈地所产的良马，向虞国借路去消灭虢国。宫子奇①进谏，百里奚不谏。他知道虞君听不进去而离开了虞国，去了秦国，已经七十岁了。他竟不知以喂牛去接近秦穆公是耻辱，可算是智吗？知道不可进谏而不进谏，能说是不智吗？知道虞国将要灭亡而早早离开，不能说是不智。在秦国被举荐的时候，知道秦穆公可以有所作为而去辅佐，能说是不智吗？做秦国宰相使自己君主名扬天下，流芳后世，不贤能的人能做得到吗？自卖其身去成就自己的君主，村里有点自爱的人都不干，你说贤者能干吗？"

---

① 宫子奇：虞国大夫。

第五篇（下） 万章（下）

共九章

第一章

【解义】

本章孟子评论伯夷、伊尹、柳下惠和孔子的处世态度。

【原文】

10.1　孟子曰："伯夷，目不视恶色，耳不听恶声。非其君不事，非其民不使。治则进，乱则退。横政之所出,横民之所止,不忍居也。思与乡人处,如以朝衣朝冠坐于涂炭也。当纣之时,居北海之滨,以待天下之清也。故闻伯夷之风者,顽夫廉,懦夫有立志。伊尹曰:'何事非君?何使非民?'治亦进,乱亦进,曰:'天之生斯民也,使先知觉后知,使先觉觉后觉。予,天民之先觉者也,予将以此道觉此民也。'思天下之民,匹夫匹妇有不与被尧、舜之泽者,若己推而内之沟中,其自任以天下之重也。柳下惠,不羞污君,不辞小官。进不隐贤,必以其道。遗佚而不怨,阨穷而不悯。与乡人处,由由然不忍去也。'尔为尔,我为我,虽袒裼裸裎于我侧,尔焉能浼我哉?'故闻柳下惠之风者,鄙夫宽,薄夫敦。孔子之去齐,接淅而行。去鲁,曰:'迟迟吾行也。'去父母国之道也。可以速而速,可以久而久,可以处而处,可以仕而仕,孔子也。"孟子曰:"伯夷,圣之清者也;伊尹,圣之任者也;柳下惠,圣之和者也;孔子,圣之时者也。孔子之谓集大成。集大成也者,金声而玉振之也。金声也者,始条理也;玉振之也者,终条理也。始条理者,智之事也;终条理者,圣之事也。智,譬则巧也;圣,譬则力也。由射于百步之外也,其至,尔力也;其中,非尔力也。"

【译 文】

孟子说:"伯夷,眼睛不看那恶劣的脸色,耳朵不听那恶劣的声音。不是自己心目中的君主不事奉,不是自己心目中的百姓不使唤。政治清明就出仕,政治混乱就隐退。政治混乱的国度,横行霸道者的辖地,他不堪忍受。推想他和乡里俗人相处,就像穿着朝服坐在烂泥地上。当殷纣王的时候,他住在北海之滨,以等待天下的清平。所以听到伯夷风范的人,糊涂人可分辨善恶,懦夫也发愤立志。伊尹说:'事奉谁不都是事君?使唤谁不都是使民?'政治清明也出仕,政治昏乱也出仕,说:'天生下这些百姓,要让先知的觉悟后知,先觉的觉悟后觉。我,是天生之民中的先觉者,我要用正道去觉悟这些百姓。'他认为天下的百姓,有一个男子或一个妇女不能受到尧舜之道的恩惠,就像是自己把他们推到了沟里,他自己担负起天下的重任。柳下惠不以事奉昏君为羞耻,不拒绝卑微的官职。出仕不掩饰自己的德行和主张,一定按所信的正道行事。被撤换也不怨恨,受穷也不忧愁。和乡里俗人相处,坦坦然然舍不得离开。'你是你,我是我,即使赤身裸体在我旁边,又怎能玷污我?'所以听到柳下惠的风范,狭隘的人也会心胸宽广,浅薄的人也会变得敦厚。孔子离开齐国,等不到饭熟就走。离开鲁国,说:'慢慢走吧。'这是离开父母之国的道理。应该快就快,应该慢就慢,应该隐居就隐居,应该出仕就出仕,这就是孔子。"

孟子说:"伯夷,是圣人中的清高者;伊尹,是圣人中的有责任感者;柳下惠,是圣人中的随和者;孔子,是圣人中因时而行的人。孔子,可以说是集大成。集大成的意思,就是从金声到玉振,有始有终。金声是敲钟,曲开始;玉声是击磬,乐曲终结。使乐曲开始,是智者的事业;使乐曲完成,是圣者的事业。智,就像心巧;圣,就像有力。犹如百步之外射箭,射到,是你有力;射中,单凭有力就不行了。"

第二章

【解 义】

本章孟子论述周代的官制和待遇。

【原 文】

10.2 北宫锜问曰:"周室班爵禄也,如之何?"孟子曰:"其详不可得闻也,诸侯恶其害己也,而皆去其籍。然而轲也,尝闻其略也。天子一位,公一位,侯一位,伯一位,子、男同一位,凡五等也。君一位,卿一位,大夫一位,上士一位,中士一位,下士一位,凡六等。天子之制,地方千里,公侯皆方百里,伯七十里,子、男五十里,凡四等。不能五十里,不达于天子,附于诸侯,曰附庸。天子之卿受地视侯,大夫受地视伯，元士受地视子、男。大国地方百里，君十卿禄，卿禄四大夫，大夫倍上士，上士倍中士，中士倍下士，下士与庶人在官者同禄，禄足以代其耕也。次国地方七十里，君十卿禄，卿禄三大夫，大夫倍上士，上士倍中士，中士倍下士，下士与庶人在官者同禄，禄足以代其耕也。小国地方五十里，君十卿禄，卿禄二大夫，大夫倍上士，上士倍中士，中士倍下士，下士与庶人在官者同禄，禄足以代其耕也。耕者之所获，一夫百亩。百亩之粪，上农夫食九人，上次食八人，中食七人，中次食六人，下食五人。庶人在官者，其禄以是为差。"

【译文】

北宫锜①问道："周代颁布的爵禄制度有哪些等级？"孟子说："详细情况不知道，诸侯们敌视这个对自己不利的制度，都把有关的文献毁灭了，不过我曾经听到过大概的情形。天子为一级，公一级，侯一级，伯一级，子和男共一级，一共五级。君主一级，卿一级，大夫一级，上士一级，中士一级，下士一级，一共六级。天子的辖地，纵横各一千里，公、侯纵横各百里，伯七十里，子、男五十里，共四等。没资格得到五十里土地的，不能直接属于天子，而附属于诸侯，叫附

---

① 北宫锜：姓北宫，名锜，卫国人。

庸。天子的卿封地和侯相等，大夫封地和伯相等，元士封地和子、男相等。大国土地纵横各一百里，君主俸禄十倍于卿，卿四倍于大夫，大夫倍于上士，上士倍于中士，中士倍于下士，下士与庶人在官府当差的俸禄相同，俸禄的数量足以抵偿耕种的收入。次一等国家方七十里，君主俸禄十倍于卿，卿三倍于大夫，大夫倍于上士，上士倍于中士，中士倍于下士，下士与庶人在官府当差的俸禄相同，俸禄的数量足以抵偿他们耕种的收入。小国土地方五十里，君主俸禄十倍于卿，卿的俸禄是大夫的二倍，大夫倍于上士，上士倍于中士，中士倍于下士，下士和庶人在官府当差的俸禄相同，俸禄的数量要足以抵偿他们耕田的收入。耕田人的收获，一夫一妇分田百亩。百亩田施以粪肥，上等农夫可养活九人，次一等养活八人，中等农夫养活七人，次一等养活六人，下等养活五人。庶人在官府当差的，俸禄以此为等差。"

第三章

【解义】

本章孟子论述如何交友。

【原 文】

10.3 万章问曰:"敢问友。"孟子曰:"不挟长,不挟贵,不挟兄弟而友。友也者,友其德也,不可以有挟也。孟献子,百乘之家也,有友五人焉:乐正裘,牧仲,其三人,则予忘之矣。献子之与此五人者友也,无献子之家者也。此五人者,亦有献子之家,则不与之友矣。非惟百乘之家为然也,虽小国之君亦有之。费惠公曰:'吾于子思,则师之矣。吾于颜般,则友之矣。王顺、长息则事我者也。'非惟小国之君为然也,虽大国之君亦有之。晋平公之于亥唐也,入云则入,坐云则坐,食云则食。虽蔬食菜羹,未尝不饱,盖不敢不饱也。然终于此而已矣。弗与共天位也,弗与治天职也,弗与食天禄也。士之尊贤者也,非王公之尊贤也。舜尚见帝,帝馆甥于贰室,亦飨舜,迭为宾主,是天子而友匹夫也。用下敬上,谓之贵贵;用上敬下,谓之尊贤。贵贵、尊贤,其义一也。"

【译 文】

万章问道:"请问如何交友?"孟子说:"不依仗年龄大,不依仗地位高,不倚仗兄弟的关系去交朋友。交朋友,是和他的品德为友，不可以有所倚仗。孟献子①，是百乘之家的大夫，有五个朋友：乐正裘、牧仲，其他三个我忘了。献子和这五人交朋友，一点也不觉得自己是个百乘之家的大夫。这五人如果觉得献子有个百乘之家，也就不和他交友了。不仅百乘之家如此，即使小国的君主也有这样的。费惠公说：'我对子思尊为老师。对于颜般，就视为朋友。王顺、长息，是我的仆人。'不仅小国之君如此，即使大国的君主也有这样的。晋平公对于亥唐，亥唐说进来，他才进来；亥唐说坐下，他就坐下；亥唐说吃吧，他才吃。即使粗茶淡饭，也不曾不吃饱，那是不敢不吃饱。不过也就是到此为止。不授与亥唐天命的禄位，不授与亥唐天设的职务，不授与亥唐天赐的俸禄。这是士人对贤者的尊敬，不是王公对贤者的尊敬。舜拜见帝尧，尧请自己的女婿住在自己的别院，也到舜那里去吃饭，互相做宾主，这是天子和普通百姓交朋友。下级尊敬上级，叫作做贵贵；上级尊敬下级，叫作做尊贤。贵贵、尊贤，道理是一样的。"

①　孟献子：鲁国大夫仲孙蔑。

第四章

【解 义】

本章孟子论述和人交往的态度和礼仪。

【原 文】

10.4　万章曰:"敢问交际何心也?"孟子曰:"恭也。"曰:"却之却之为不恭,何哉?"曰:"尊者赐之,曰'其所取之者,义乎,不义乎',而后受之,以是为不恭,故弗却也。"曰:"请无以辞却之,以心却之,曰'其取诸民之不义也',而以他辞无受,不可乎?"曰:"其交也以道,其馈也以礼,斯孔子受之矣。"万章曰:"今有御人于国门之外者,其交也以道,其馈也以礼,斯可受御与?"曰:"不可。《康诰》曰:'杀越人于货,闵不畏死,凡民罔不憝。'是不待教而诛之者也。殷受夏,周受殷,所不辞也。于今为烈,如之何其受之?"曰:"今之诸侯取之于民也,犹御也。苟善其礼际矣,斯君子受之,敢问何说也?"曰:"子以为有王者

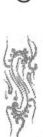

作，将比今之诸侯而诛之乎？其教之不改而后诛之乎？夫谓非其有而取之者盗也，充类至义之尽也。孔子之仕于鲁也，鲁人猎较，孔子亦猎较。猎较犹可，而况受其赐乎？"曰："然则孔子之仕也，非事道与？"曰："事道也。""事道奚猎较也？"曰："孔子先簿正祭器，不以四方之食供簿正。"曰："奚不去也？"曰："为之兆也。兆足以行矣，而不行，而后去，是以未尝有所终三年淹也。孔子有见行可之仕，有际可之仕，有公养之仕也。于季桓子，见行可之仕也；于卫灵公，际可之仕也；于卫孝公，公养之仕也。"

【译文】

万章说："请问和人交往，应持什么态度？"孟子说："恭敬。"万章说："一再拒绝接受人家的礼物是不恭，为什么呢？"孟子说："尊长赠送的礼物，心里想'他得到这些东西，义还是不义'，然后才接受，这样就是不恭敬，所以不拒绝。"万章说："不明说拒绝，只是心里拒绝，心想'这是从百姓那里得来的不义之财'，并找个借口拒绝，不可以吗？"孟子说："他以规矩和我交往，按礼节和我接触，这样孔子也会接受的。"万章说："假若有个拦路抢劫的，他以规矩和我交往，按礼节和我接触，这就可以接受他抢来的东西吗？"孟说:"不可。《尚书·康诰》篇说:'图财害命,强横①不怕死,百姓们没有不痛恨的。'这是用不着请示就可处死刑的。殷接受夏朝,周接受殷朝,因此才不推辞。② 今天,杀人抢劫的事愈演愈烈,怎么能够接受呢?"问:"现在的诸侯从百姓那里收取,就像是抢劫。假如善于按礼节交往,君子就会接受,请问这是什么道理呢?"孟子说:"那么您认为假如有王者兴起,将挨个把现在的诸侯杀掉呢?还是先进行教育仍不悔改再杀掉呢?所谓不是自己所有而取得的便是盗窃,这是类推到终点的说法。孔子在鲁国做官的时候,鲁人互相抢夺猎物以供祭祀,孔子也抢夺猎物。抢夺猎物都可以,何况接受馈赠呢?"问:"那么孔子的出仕,不是为了行道吗?"答:"是为了行道。""行道为什么还抢夺猎物?"答:"孔子先用文书规定好了祭品,使不能用天底下稀奇的食品。"③ 问:"为什么不辞职?"答:"要看一看苗头。苗头看来足以行道,但国君不行,然后辞职,所以孔子没有在一处逗留够三年的。孔子有时是见到可以行道而出仕,有时是见到待之以礼而出仕,有时是因为国君养贤而出仕。对于季桓子,是见到可以行道而出仕;对于卫灵公,是见到待之以礼而出仕;对于卫孝公,是因为国君养贤而出仕。"④

---

① 原文"闵",杨伯峻认为意为"强横"。
② 因为夏桀、商纣都是不必等什么命令就该处死刑的。
③ 意为使夺得的猎物不能用于献祭,此风将自然衰落。
④ 朱熹认为,这一章文义多不可知。译文也是据字面意思大略译之。

第五章

【解 义】

孟子主张为了行道而出仕,不能为了养家糊口。如不得已,也只应做个小官吏。

【原 文】

10.5 孟子曰:"仕非为贫也,而有时乎为贫;娶妻非为养也,而有时乎为养。为贫者,辞尊居卑,辞富居贫。辞尊居卑,辞富居贫,恶乎宜乎?抱关击柝。孔子尝为委吏矣,曰:'会计当而已矣。'尝为乘田矣,曰:'牛羊茁壮长而已矣。'位卑而言高,罪也;立乎人之本朝,而道不行,耻也。"

【译 文】

孟子说:"出仕不是因为贫穷,但有时也是因为贫穷;娶妻不是为了侍候自己，但有时也是为了侍候自己①。由于贫穷而做官的，谢绝高位而居卑下，谢绝厚禄而就微薄。谢绝高位而居卑下，谢绝厚禄而就微薄，怎样才合适呢？做个打更、看门之类的就可以了。孔子曾做过管粮仓的小吏，说：'账目清楚就可以了。'曾做过牧场的小吏，说：'牛羊茁壮成长就可以了。'官职低微而言论高远，是犯罪；立于朝廷之上却不能使道得以推行，是耻辱。"

第六章

【解义】

本章孟子论述士人在什么情况下才可以接受诸侯的馈赠，以及诸侯养士的合理方式。

【原文】

10.6 万章曰："士之不托诸侯，何也？"孟子曰："不敢也。诸侯失国，而后托于诸侯，礼也。士之托于诸

---

① 朱熹说，娶妻本应为了传宗接代，但有时也是因为自己不能做家务。

侯，非礼也。"万章曰："君馈之粟，则受之乎？"曰："受之。""受之何义也？"曰："君之于氓也，固周之。"曰："周之则受，赐之则不受，何也？"曰："不敢也。"曰："敢问其不敢何也？"曰："抱关击柝者，皆有常职以食于上。无常职而赐于上者，以为不恭也。"曰："君馈之，则受之，不识可常继乎？"曰："缪公之于子思也，亟问，亟馈鼎肉。子思不悦。于卒也，摽使者出诸大门之外，北面稽首再拜而不受，曰：'今而后知君之犬马畜伋。'盖自是台无馈也。悦贤不能举，又不能养也，可谓悦贤乎？"曰："敢问国君欲养君子，如何斯可谓养矣？"曰："以君命将之，再拜稽首而受。其后廪人继粟，庖人继肉，不以君命将之。子思以为鼎肉，使己仆仆尔亟拜也，非养君子之道也。尧之于舜也，使其子九男事之，二女女焉，百官牛羊仓廪备，以养舜于畎亩之中，后举而加诸上位。故曰，王公之尊贤者也。"

【译文】

万章问："士人不托身诸侯，为什么呢？"孟子说："因为不敢。诸侯亡国才可以托身于另一诸侯作寓公，这是礼制的规定。士人托身诸侯，违犯礼制规定。"万章问："国君赠送粮食，接受吗？"答："接受。""接受是什么道理？"答："君主对自己的百姓，本来就应该救济。"问："救济的就接受，赏赐的就不接受,这是什么道理?"答:"因为不敢。"问:"请问为什么不敢?"答:"看门、打更之类的都有确定的职务接受上面的俸禄。没有确定的职务而接受上面的赏赐,被认为是不恭敬的。"问:"君主赠送的就接受,不知这样的事能否不断地接续下去?"答:"鲁缪公对于子思,屡次慰问,屡次赠送肉食。子思不高兴了。终于有一天他把使者撵出门外,面朝北磕头礼拜谢绝了馈赠,说:'今天我才明白君主像对犬马一样地养着我。'从此缪公就再不给他馈赠了。喜欢贤士却不重用,又不能以礼奉养,可算是喜欢贤士吗?"问:"请问国君要奉养君子,怎样才算是以礼奉养呢?"答:"以君主的名义送来礼物,磕头礼拜加以接受。然后粮仓管理者不断送粮,厨师不断送肉,不再用君主的名义。子思认为由于那些肉食而使自己弯腰躬脊地屡次下拜,不是奉养君子的办法。尧对于舜,让自己的九个儿子事奉舜,把两个女儿嫁给舜,百官、牛羊、仓库无不具备,使大家奉养那在田间辛苦耕作的舜,后来又提拔舜到上座高位。所以说,这是王公对待贤士的办法啊。"

第七章

【解 义】

本章孟子阐述士人对待君主召唤的态度。

【原 文】

10.7 万章曰:"敢问不见诸侯,何义也?"孟子曰:"在国曰市井之臣,在野曰草莽之臣,皆谓庶人。庶人不传质为臣,不敢见于诸侯,礼也。"万章曰:"庶人,召之役,则往役;君欲见之,召之,则不往见之,何也?"曰:"往役,义也;往见,不义也。且君之欲见之也,何为也哉?"曰:"为其多闻也,为其贤也。"曰:"为其多闻也,则天子不召师,而况诸侯乎?为其贤也,则吾未闻欲见贤而召之也。缪公亟见于子思,曰:'古千乘之国以友士,何如?'子思不悦,曰:'古之人有言:曰事之云乎,岂曰友之云乎?'子思之不悦也,岂不曰:'以位,则子,君也;我,臣也。何敢与君友也?以德,则子事我者也,奚可以与我友?'千乘之君求与之友,而不可得也，而况可召与？齐景公田，招虞人以旌，不至，将杀之。志士不忘在沟壑，勇士不忘丧其元。孔子奚取焉？取非其招不往也。"曰："敢问招虞人何以？"曰："以皮冠。庶人以旃，士以旂，大夫以旌。以大夫之招招虞人，虞人死不敢往。以士之招招庶人，庶人岂敢往哉？况乎以不贤人之招招贤人乎？欲见贤人而不以其道，犹欲其入而闭之门也。夫义，路也；礼，门也。惟君子能由是路，出入是门也。《诗》云：'周道如砥，其直如矢。君子所履，小人所视。'"万章曰："孔子，君命召，不俟驾而行。然则孔子非与？"曰："孔子当仕有官职，而以其官召之也。"

【译文】

万章问："请问士人不拜见诸侯，是什么道理？"孟子说："住在城里叫市井之臣，住在田野叫草莽之臣，这都是庶人。庶人没有职务不能带礼物去拜见诸侯，不敢去拜见诸侯，这是礼制。"万章说："庶人，君主命令他服劳役，就服劳役；君主要见他，召唤他去，却不去见，什么道理呢？"答："去服役，是义务；不去见，因为这不是义务。况且君主召见，是为了什么呢？"答："因为他博学多闻，因为他贤能。"答："因为他博学多闻的话，那么天子还不能召唤老师，何况是诸侯呢？如果是因为他贤能，那么我没听说过想见贤者却进行召唤的。鲁缪公屡次拜见子思，说：'古代千乘之国的国君和士人交朋友，怎么样呢？'子思不高兴了，说：'古人有言：说的是事之为师，哪能说是交朋友？'子思的不高兴，岂不是说：'论职位，您是君，我是臣，我怎敢和君交朋友。论德行，你就得事我为师，怎可以交朋友？'千乘之国的君主，想和士人交朋友都办不到，何况召唤呢？齐景公田猎，用旌旗召唤虞人，虞人不来，齐景公要杀他。志士不怕弃尸沟壑，勇士不怕丧失头颅。孔子赞赏的是什么呢？就是赞赏他不应这非礼之召。"问："请问召唤虞人应该用什么？"答："用皮冠。召庶人用旃，士人用旗，大夫用旌。用召唤大夫的方式召唤虞人，虞人就是死也不敢去。用召唤士的方式召唤庶人，庶人怎么敢去？何况是用召唤不贤之人的方式召唤贤人呢？想见贤人却不用见贤人之道，就像请人进屋却关上大门一样。所以，义，是路；礼，是门。只有君子，能走这条路，出入这个门。《诗经·大东》篇说：'通往京城的大道，如磨刀石一样平，像箭一样直。那是君子们行走的，小人们所仰慕的。'"万章问："孔子，听到国君召唤，不等驾好车就起身。那么孔子是错了吗？"孟子说："孔子那时出仕有官职，君主是依他担任的官职召唤他。"

第八章

【解义】

孟子论述善士的等级及其交友范围。

【原文】

10.8 孟子谓万章曰:"一乡之善士,斯友一乡之善士;一国之善士,斯友一国之善士;天下之善士,斯友天下之善士。以友天下之善士为未足,又尚论古之人。颂其诗,读其书,不知其人,可乎?是以论其世也。是尚友也。"

【译文】

孟子对万章说:"一乡都称赞的善士,才能和全乡的善士为友;一国都称赞的善士,才能和全国的善士为友;天下都称赞的善士,才能和全天下的善士为友。和普天下的善士交友还不满足,又上溯讨论古人。但只诵他们的诗,读他们的著作,却不知道他们为人怎么样,这样可以吗?所以还应该研究他们所处的时代。这是与古人交朋友。"

第九章

【解 义】

孟子论述怎样做卿。

【原 文】

10.9 齐宣王问卿。孟子曰:"王何卿之问也?"王曰:"卿不同乎?"曰:"不同。有贵戚之卿,有异姓之卿。"王曰:"请问贵戚之卿。"曰:"君有大过则谏,反覆之而不听,则易位。"王勃然变乎色。曰:"王勿异也。王问臣,臣不敢不以正对。"王色定,然后请问异姓之卿。曰:"君有过则谏,反覆之而不听,则去。"

【译 文】

齐宣王问卿的职责。孟子说:"大王问的是什么样的卿?"齐宣王说:"卿还有什么区别吗?"孟子说:"不一样的。有贵戚之卿,有异姓之卿。"齐宣王说:"请讲讲贵戚之卿。"孟子说:"君主有重大过失就进谏,反复进谏不被采纳,就换掉国君。"齐宣王突然变了脸色。孟子说:"大王不要诧异。大王问我,我不敢不用正道回答。"齐宣王脸色慢慢变了过来,然后请孟子讲异姓之卿。孟子说:"君主有过错就进谏,反复进谏不被采纳,就辞职。"

第六篇（上）告子（上）

共二十章

【解题】

告子，名不害。赵岐注说告子兼治儒墨之道，曾经跟孟子学习，但"不能纯彻性命之理"。这一篇从告子论性开始，分上下篇。上篇通过讨论告子的人性论，孟子提出了他的"性善"论，并作了较为充分的论证。下篇讨论了多种做人、治国之道。

第一章

【解义】

本章告子首先提出,人性是本来具有、呈自然状态的存在,就像未经加工的木材。仁义,就像杯盘①,是加工以后的存在,所以仁义不是人性,人性不是善。孟子反驳:木材能做成杯盘,证明杯盘就是木材的本性;人能按仁义行事,说明仁义就是人的本性。因此,向往和提倡仁义,正是按人的内在本性去成就人,而不是伤害人的本性。

【原文】

11.1　告子曰:"性,犹杞柳也;义,犹桮棬也。以人性为仁义,犹以杞柳为桮棬。"孟子曰:"子能顺杞柳之性而以为桮棬乎?将戕贼杞柳,而后以为桮棬也?如将戕贼杞柳而以为桮棬,则亦将戕贼人以为仁义与?率天下之人而祸仁义者,必子之言夫!"

---

①　古人用木头作杯盘。

【译文】

告子说:"人性,就像杞柳①;仁义,就像杯盘。使人性归向仁义,就像把杞柳做成杯盘。"孟子说:"您是顺着杞柳的本性来制作杯盘呢?还是残害杞柳的本性然后制成杯盘呢?如果您将残害杞柳的本性制成杯盘,也就将残害人的本性使他们归向仁义吗?率领天下人祸害仁义的,一定是您的言论!"

第二章

【解义】

本章告子提出自己的人性论:认为人性是"无分于善不善"的,就像水的本性,是不一定要向东流或要向西流的。孟子则认为:人性是善的,就像水性向下流一样。水可以上山,但那不是水的本性。人可为恶,但为恶不是人的本性。

---

① 杞柳:一种木材,其枝条可编织杯盘。

【原文】

11.2　告子曰:"性犹湍水也,决诸东方则东流,决诸西方则西流。人性之无分于善不善也,犹水之无分于东西也。"孟子曰:"水信无分于东西,无分于上下乎?人性之善也,犹水之就下也。人无有不善,水无有不下。今夫水,搏而跃之,可使过颡;激而行之,可使在山。是岂水之性哉?其势则然也。人之可使为不善,其性亦犹是也。"

【译文】

告子说:"人性就像湍急的流水,东方决口就向东流,西方决口就向西流。人性没有善与不善的区分,就像水没有东流西流的区分一样。"孟子说:"水确实没有东流西流的区分①,那么,水性也没有向上流和向下流的区分吗?人性本善,就像水性趋下一样。人性没有不是善良的,水性没有不趋下的。说到水,打击它使它跳起,可让它高过额头;拦阻它使它改行,可以让它上山。这难道是水的本性吗?这是形势造成的。人之可以为恶,和水可以上山是一样的道理。"

---

① 即水的本性,不是一定要向东流或一定要向西流。

第三章

【解义】

本章告子又提出一个命题"生之谓①性",即天生的东西就是性。朱熹解释道,比如手足运行、耳目视听之类,就都是本性。和下章所说"食、色,性也",即觅食、求偶就是人的本性,是一个意思。用我们今天的话来说,这是把本能当成了本性。孟子反驳说:若把天生的本能作为本性,则牛、犬、人都有相同的本能,他们的本性也就都一样了。这一点,是孟子不能同意的。朱熹说,孟子对告子"生之谓性"的批评"亦伤急",不曾详细阐明自己的意思,只是接过告子的话一下子压下去,告子也未必服气,后人也难以理解。②

【原文】

11.3　告子曰:"生之谓性。"孟子曰:"生之谓性

---

① 之谓:"就是"的意思。和"谓之"不同,"谓之"是"叫作做……"。
② 参见《朱子语类》卷五十九。

也，犹白之谓白与？"曰："然。""白羽之白也，犹白雪之白；白雪之白，犹白玉之白与？"曰："然。""然则犬之性犹牛之性，牛之性犹人之性与？"

【译　文】

告子说："天生的东西就是本性。"孟子问："天生的东西就是本性，就像白就是白吗？"① 告子说："是。""白羽的白，就是白雪的白，白雪的白，就是白玉的白吗？"告子说："是的。""那么犬的本性就是牛的本性，牛的本性就是人的本性吗？"②

第四章

【解　义】

本章告子接着"生之谓性"，又提出"食、色，性也"的命题。并以为仁是内在的，义是外在的。孟子则认为，从自己

---

① 说"天生的"就是"本性"，是同义反复。因为本性就是指天生就具有的东西。
② 孟子这里的论述逻辑上是不严密的，犬、牛、人的本性不一样，但羽、雪、玉的白，却都是白。

心中发出的东西就都是内在的。把对外物的反应说成是外在的，和"食、色，性也"的命题是矛盾的，因为觅食、求偶，无疑也是对外物的反应。

【原文】

11.4　告子曰："食、色，性也。仁，内也，非外也；义，外也，非内也。"孟子曰："何以谓仁内义外也？"曰："彼长而我长之，非有长于我也。犹彼白而我白之，从其白于外也，故谓之外也。"曰："异于白马之白也，无以异于白人之白也。不识长马之长也，无以异于长人之长与？且谓长者义乎？长之者义乎？"曰："吾弟则爱之，秦人之弟则不爱也，是以我为悦者也，故谓之内。长楚人之长，亦长吾之长，是以长为悦者也，故谓之外也。"曰："耆秦人之炙，无以异于耆吾炙。夫物则亦有然者也，然则耆炙亦有外与？"

【译文】

告子说："觅食、求偶，是人的本性。仁，是内在的，不是外在的；义，是外在的，不是内在的。"孟子说："为什么说仁是内在，义是外在的？"告子说："他是长辈，我就把他作为长辈，把他当作长辈不是我心里固有的。就好像他白，我把他当作白，顺着他的白说白是在我之外发生的，所以叫作做外。"孟子说:"白马的白,和白人的白没有差别。不知道把年长的马当作年长者,和把年长的人当作长辈,是不是有所差别呢?而且,你说这里的义是在长辈那里呢,还是在把他当作长辈的人的心里呢?"告子说:"我的弟弟,我爱他,秦国人的弟弟,我就不爱,是由于我自己而高兴这么做的,所以叫作做内。尊敬楚国人的长辈,也尊敬我自己的长辈,是由于他们是长辈而我才高兴这么做的,所以叫作做外。"孟子说:"喜欢吃秦国的烧肉,和喜欢吃我们自己的烧肉没有差别。其他物也有这样的情形,那么,喜欢吃烧肉也是外在的吗?"

第五章

【解义】

本章继续讨论义不是外在的。

【原文】

11.5 孟季子问公都子曰:"何以谓义内也?"曰:"行吾敬,故谓之内也。""乡人长于伯兄一岁,则谁敬?"曰:"敬兄。""酌则谁先?"曰:"先酌乡人。""所敬在此，所长在彼，果在外，非由内也。"公都子不能答，以告孟子。孟子曰："敬叔父乎？敬弟乎？彼将曰：'敬叔父。'曰：'弟为尸，则谁敬？'彼将曰：'敬弟。'子曰：'恶在其敬叔父也？'彼将曰：'在位故也。'子亦曰：'在位故也。庸敬在兄，斯须之敬在乡人。'"季子闻之，曰："敬叔父则敬，敬弟则敬，果在外，非由内也。"公都子曰："冬日则饮汤，夏日则饮水，然则饮食亦在外也？"

【译文】

孟季子①问公都子："为什么说义是内在的？"公都子说："行的是我自己的恭敬，所以叫作做内在的。""本乡有人比大哥长一岁，该尊敬谁？"答："尊敬大哥。""喝酒时先给谁斟？"答："先给那个本乡人。""你尊敬的是大哥，可是先斟酒的却是那个本乡人，义确是在外，不在于内啊。"公都子答不上来，告诉孟子。孟子说："假如问他：'尊敬叔父呢？还是尊敬弟弟呢？'他一定说：'尊敬叔父。'再问他：'弟弟作尸②，该尊敬谁？'他将会说：'尊敬弟弟。'您就说：'对叔父的尊敬哪里去了？'他将会说：'这是因为弟弟在尸的位置上。'您也说：'那是因为乡人在客的位置上。平素的尊敬在

---

① 孟季子：其人不详。朱熹怀疑他是孟仲子之弟。
② 尸：祭祀时，以幼童作为祖宗神灵祭拜，叫尸。

大哥，偶然的尊敬在乡人。'"季子听到了，说："尊敬叔父是尊敬，尊敬弟弟是尊敬，义确是在外，不在内啊。"公都子说："冬天喝热汤，夏天喝凉水，难道饮食也是在外的吗？"

第六章

【解 义】

　　本章讨论了三个命题："性无善无不善"；"可以为善，可以为不善"；"有性善，有性不善"。孟子认为，人的本性是善的，为恶是因为他未能充分发挥自己的本性。就像一个人的才能未得到充分发挥，不能说他天生就不行。本篇孟子还提出了"才"的概念。才，就是材，材料。就像今天人们说谁是不是那块料。孟子认为，人这块料本来都是善的。宋代理学家把才和性分开，认为性善，而才有昏、明、强、弱的不同，和孟子的讲法有所不同。

【原 文】

　　11.6　公都子曰："告子曰：'性无善无不善也。'或曰：'性可以为善，可以为不善。是故文武兴，则民好善；幽厉兴，则民好暴。'或曰：'有性善，有性不善。是故以尧为君而有象，以瞽瞍为父而有舜，以纣为兄之子且以为君，而有微子启、王子比干。'今曰'性善'，然则彼皆非与？"孟子曰："乃若其情，则可以为善矣，乃所谓善也。若夫为不善，非才之罪也。恻隐之心，人皆有之；羞恶之心，人皆有之；恭敬之心，人皆有之；是非之心，人皆有之。恻隐之心，仁也；羞恶之心，义也；恭敬之心，礼也；是非之心，智也。仁义礼智，非由外铄我也，我固有之也，弗思耳矣。故曰：'求则得之，舍则失之。'或相倍蓰而无算者，不能尽其才者也。《诗》曰：'天生烝民，有物有则。民之秉彝，好是懿德。'孔子曰：'为此诗者，其知道乎！故有物必有则，民之秉彝也，故好是懿德。'"

【译文】

公都子说："告子认为：'性没有善与不善的区分。'也有人说：'人的本性，可以行善，也可以为恶。所以文王、武王兴起，百姓就喜好向善；周幽王、周厉王在位，百姓就喜欢作恶。'也有人说：'有人性善，有人性不善。所以尧做君主，却有像这样的臣民，瞽瞍做父亲，却有舜这样的好儿子，这样的侄儿和暴君，却有微子启、王子比干这样的贤人。'现在您说'性善'，那么，他们都错了吗？"孟子说：

"若说人的情,是可以为善的,这就是我说的性善。① 假若他作恶,不是天生之才的罪过。恻隐之心,人人都有;羞恶之心,人人都有;恭敬之心,人人都有;是非之心,人人都有。恻隐之心,是仁;羞恶之心,是义;恭敬之心,是礼;是非之心,是智。仁义礼智,不是从外面浸到我心里的,而是我本来固有的,只是没用心去想罢了。所以说:'你去寻求,就会得到;不用心寻求,就会丢掉。'人与人相差一倍、五倍甚至无数倍的,就是不能充分发挥自己的才罢了。《诗经·烝民》篇说:'天生下众民百姓,每件事都有法则。百姓禀受的常性,是爱好高尚与美德。'孔子说:'作这首诗的,大概是懂得道的吧!所以什么事都有法则,百姓们禀受的常性,也因此是爱好高尚和美德啊。'"

第七章

【解 义】

　　孟子论述人性就像物性一样。物与物同,则本性同;人与

---

① 孟子认为,情是性的表现,才、性、情三者是统一的。后人多认为,情是产生恶的根源。

人本性也没有差别。人的为恶，完全是外在条件造成的。就像同样的种子，种在不同的地里，收成就会有好坏的不同。

【原 文】

11.7　孟子曰："富岁，子弟多赖；凶岁，子弟多暴，非天之降才尔殊也，其所以陷溺其心者然也。今夫麰麦，播种而耰之，其地同，树之时又同，浡然而生，至于日至之时，皆熟矣。虽有不同，则地有肥硗、雨露之养、人事之不齐也。故凡同类者，举相似也，何独至于人而疑之？圣人与我同类者。故龙子曰：'不知足而为屦，我知其不为蒉也。'屦之相似，天下之足同也。口之于味，有同耆也。易牙先得我口之所耆者也。如使口之于味也，其性与人殊，若犬马之与我不同类也，则天下何耆皆从易牙之于味也？至于味，天下期于易牙，是天下之口相似也。惟耳亦然。至于声，天下期于师旷，是天下之耳相似也。惟目亦然。至于子都，天下莫不知其姣也。不知子都之姣者，无目者也。故曰：口之于味也，有同耆焉；耳之于声也，有同听焉；目之于色也，有同美焉。至于心，独无所同然乎？心之所同然者何也？谓理也，义也。圣人先得我心之所同然耳。故理义之悦我心，犹刍豢之悦我口。"

【译文】

孟子说:"丰收年景,小伙子们多懒惰;灾荒年,小伙子们多暴行。不是天生的'才'有这样的悬殊,这是那败坏他们心思的东西造成的啊。比如大麦,播下了种子,又加强了管理,地土相同,播种时机相同,便会蓬勃生长,到成熟的季节,就都会成熟。假使收成不一样,就是因地有肥瘠、雨量的多少、人的勤惰不同。所以凡是同类的东西,都是相似的,为什么单单对于人有所怀疑呢?圣人和我是同类的。所以龙子①说:'不知道脚的大小去编鞋,也编不成草筐子。'鞋的相同,是因为天下人的脚相同啊。口对于味道,有同样的嗜好。易牙②,是先得到了口的嗜好的人。假如使口对于味道,易牙的口与别人不同,就像犬、马和我不同类一样,那么,天下的嗜好为什么都会追随易牙的口味呢?说到味道,天下都以易牙为准,是天下的口相似啊。耳朵也是这样。说到声音,天下都以师旷③为准,是天下的耳朵相似啊。眼睛也是如此。说到子都④,天下没有不知他的英俊美貌的。不知子都英俊美貌的,是没有眼睛的人。所以说,口对于味道,有同样的嗜好;耳对于声音,有同样的听觉;目对于颜色,有同样的美感。说

---

① 龙子:赵岐注古贤人。
② 易牙:古代的知味者,杨伯峻认为即是齐桓公的宠臣易牙。
③ 师旷:古代乐师,善知音。
④ 子都:古代的美男子。杨伯峻疑即郑庄公的宠臣公孙阏,字子都。

到心，就偏偏没有相同的东西吗？心所相同的是什么呢？就是理，就是义。圣人，是先得了我们心里所相同的东西。所以，理、义使我心喜爱，就像鸡鸭鱼肉使我的口喜爱一样。"

第八章

【解 义】

本章接上章，论述人人同具的善心，必须善于保存，不要使它受伤害，不要使它放失。

【原 文】

11.8 孟子曰："牛山之木尝美矣，以其郊于大国也，斧斤伐之，可以为美乎？是其日夜之所息，雨露之所润，非无萌蘖之生焉，牛羊又从而牧之，是以若彼濯濯也。人见其濯濯也，以为未尝有材焉，此岂山之性也哉？虽存乎人者，岂无仁义之心哉？其所以放其良心者，亦犹斧斤之于木也，旦旦而伐之，可以为美乎？其日夜之所息，平旦之气，其好恶与人相近也者几希，则其旦昼之所为，有梏亡之矣。梏之反覆，则其夜气不足以存。夜气不足以存，则其违禽兽不远矣。人见其禽兽也，而以为未尝有才焉者，是岂人之情也哉？故苟得其养，无物不长；苟失其养，无物不消。孔子曰：'操则存，舍则亡；出入无时，莫知其乡。'惟心之谓与？"

【译文】

　　孟子说："牛山上的树木曾非常茂盛，景色优美，因为它临近大都市，如果总是遭斧头的砍伐，还能保持景色优美吗？当然，它日夜不断地生长，雨露滋润着，不是没有萌芽新枝，但随之而来的是牛羊的放牧，所以就成了那样光秃秃的了。人们看见它光秃秃的样子，以为它从来不曾长过树木，这难道是山的本性吗？那么，在某些人身上，难道没有仁义之心吗？那放失了自己良心的原因，就像刀斧对于树木一样，天天砍伐它，还能保持它的善良和美好吗？日夜不断地生长出来的善心，晨朝平旦之气，使得他的好恶和别人有那么一点点相近，可是他第二天的所作所为，又把它消灭了。反复消灭，他夜里产生的善心就无法保存①。夜里产生的善心无法保存，那就离禽兽不远了。人们见他和禽兽一样，就以为他不曾有过善良的本质，可是这难道是人的本性吗？所以，假如得到养

---

① 孟子认为，志向专一可调动气，气专一就调动志。夜里人心情平静，其气也平静。夜里平静下来的气就是"夜气"。天刚亮，还未与人接触时，这平静的气尚未受干扰，因所处时间不同，此时叫"平旦之气"，平旦之气也就是夜气。

护，没有什么物不会生长；假若失去养护，没有什么物不会消亡。孔子说：'保持就存在，不保持就消亡；出入没有一定的时间，不知道它来自哪里去向何方。'这指的就是人心吧？"

第九章

【解义】

本章承上章，继续论述养护的重要。

【原文】

11.9 孟子曰："无或乎王之不智也。虽有天下易生之物也，一日暴之，十日寒之，未有能生者也。吾见亦罕矣，吾退而寒之者至矣，吾如有萌焉何哉！今夫弈之为数，小数也。不专心致志，则不得也。弈秋，通国之善弈者也。使弈秋诲两人弈。其一人专心致志，惟弈秋之为听。一人虽听之，一心以为有鸿鹄将至，思援弓缴而射之。虽与之俱学，弗若之矣。为是其智弗若与？曰：非然也。"

【译　文】

　　孟子说:"不必对王①的昏庸感到奇怪。即使有一种普天之下最容易生长的东西,暖它一天,却冻它十天,也不能存活下去。我见王的机会是非常少的,我离开以后'冻'他的人就到了,我对那刚刚萌发的东西又有什么办法呢!比如,围棋这种技艺是种小技艺。但若不专心致志,也学不会的。弈秋,是全国棋艺最高的人。让弈秋教二人下棋。其中一人专心致志,一心一意听弈秋教导。另一人虽然也听,却一心以为天鹅要飞来了,想着拿起弓箭去射它。虽然和人家一起学棋,却比不上人家了。是因为他的智力比不上人家吗?答:不是的。"

第十章

【解　义】

　　本章承上章,孟子论述凡是为恶、失节的,都是由于失去了"本心",即本来的善心。

---

①　王:朱熹认为是齐王。

【原 文】

11.10　孟子曰："鱼，我所欲也；熊掌，亦我所欲也。二者不可得兼，舍鱼而取熊掌者也。生，亦我所欲也；义，亦我所欲也。二者不可得兼，舍生而取义者也。生亦我所欲，所欲有甚于生者，故不为苟得也。死亦我所恶，所恶有甚于死者，故患有所不辟也。如使人之所欲莫甚于生，则凡可以得生者，何不用也？使人之所恶莫甚于死者，则凡可以辟患者，何不为也？由是则生，而有不用也；由是则可以辟患，而有不为也。是故所欲有甚于生者，所恶有甚于死者。非独贤者有是心也，人皆有之，贤者能勿丧耳。一箪食，一豆羹，得之则生，弗得则死。嘑尔而与之，行道之人弗受；蹴尔而与之，乞人不屑也。万钟则不辩礼义而受之，万钟于我何加焉？为宫室之美、妻妾之奉、所识穷乏者得我与？乡为身死而不受，今为宫室之美为之；乡为身死而不受，今为妻妾之奉为之；乡为身死而不受，今为所识穷乏者得我而为之，是亦不可以已乎？此之谓失其本心。"

【译 文】

孟子说："鱼，是我想得到的；熊掌，也是我想得到的。二者不可能都得到，就放弃鱼而要熊掌。生命，是我想要的；

义,也是我想要的。二者不可能都要,就放弃生命而要义。生命是我想要的,但想要的有比生命更宝贵的,所以不为保存生命而苟且。死是我所讨厌的,但所讨厌的有比死更可恶的,所以即使祸患也不逃避。假如人所想要的没有比生命更宝贵的,那么,凡是一切可以求生的手段,有什么不能用的呢?假如人所讨厌的没有比死更可恶的,那么,凡是一切可以避免祸患的手段,哪一条他不能用呢?这样做就可以活命,却有人不用;这样做就可以避祸,却有人不做。所以,人的追求有比生命更宝贵的,所讨厌的有比死亡更可恶的。不仅是贤人有这样的心,人人都有,不过贤人能不丧失罢了。一盒饭,一碗汤,得到就可活命,得不到就要饿死。吆喝着送给别人,过路的饥民也不接受;脚踩了以后才给别人,乞丐也不屑要。若是不论是否合乎礼义就接受万钟俸禄,那么万钟俸禄对我有什么好处呢?是因为住房舒适、妻妾侍奉、穷朋友们感激我吗?以前宁肯死亡也不接受,如今却因为住房舒适而接受;以前宁肯死亡也不接受,如今却为得到妻妾侍奉而接受;以前宁肯死亡也不接受,现在却因穷朋友的感激而接受,这难道还不应该罢手吗?这就是失去了自己的本心。"

第十一章

【解义】

本章承上章,讲学问之道只有一条,就是"求其放心",即找回失去了的本心。

【原文】

11.11 孟子曰:"仁,人心也;义,人路也。舍其路而弗由,放其心而不知求,哀哉!人有鸡犬放,则知求之;有放心,而不知求。学问之道无他,求其放心而已矣。"

【译文】

孟子说:"仁,是人的心;义,是人的路。放弃这条路而不走,放失自己的心而不知寻求,可悲啊!人的鸡犬放失了,都知道找回来;有放失的心却不知寻求。学问之道没有别的,就是找回放失的心罢了。"

第十二章

【解义】

本章承上章,孟子批评那些不知医治自己心灵的人。

【原文】

11.12　孟子曰:"今有无名之指,屈而不信,非疾痛害事也。如有能信之者,则不远秦、楚之路,为指之不若人也。指不若人,则知恶之;心不若人,则不知恶,此之谓不知类也。"

【译文】

孟子说:"假如有人的无名指,弯曲而不能伸直,不疼痛也不碍事。倘若有能使他伸开的,他会不顾千里万里之遥去求医,因为他的指头不如人。指头不如人,还知道羞耻;心不如人,却不知道羞耻,这就是不知好歹。"

第十三章

【解义】

本章承上章,孟子继续批评不知修身的人。

【原文】

11.13　孟子曰:"拱把之桐、梓,人苟欲生之,皆知所以养之者。至于身,而不知所以养之者,岂爱身不若桐梓哉?弗思甚也。"

【译文】

孟子说:"一两把粗的桐树、梓树,人若是想要它生长,都知道怎样养护。对于自身,却不知该怎样养护,难道是爱护自身还不如爱护桐树、梓树吗?太不用心去思索了。"

第十四章

【解 义】

本章承上章,讲爱护自身的原则。

【原 文】

11.14 孟子曰:"人之于身也,兼所爱。兼所爱,则兼所养也。无尺寸之肤不爱焉,则无尺寸之肤不养也。所以考其善不善者,岂有他哉?于己取之而已矣。体有贵贱,有小大。无以小害大,无以贱害贵。养其小者为小人,养其大者为大人。今有场师,舍其梧、槚,养其樲、棘,则为贱场师焉。养其一指而失其肩背,而不知也,则为狼疾人也。饮食之人,则人贱之矣,为其养小以失大也。饮食之人无有失也,则口腹岂适为尺寸之肤哉?"

【译 文】

孟子说:"人对于身体,普遍的爱护。普遍爱护,就普遍地保养。没有一块皮肤不爱护,就没有一块皮肤不保养。考察人是不是善于爱护自身,难道有别的办法吗?从自己身上来取例就是了。身体各部有贵贱,有小大①。不要以小害大,不要以贱害贵。保养小的就是小人,保养大的就是大人。假如有个园丁,舍弃梧桐、楸树不管,却去培育酸枣、荆棘,那就是个劣等园丁。保养一个指头,却失去了肩背还不知道,就是不知如何养身的糊涂人。只讲究吃喝的人,会被别人轻视,因为他保养小的而丢了大的。只讲究吃喝的人若不丢失什么,那么讲究吃喝岂只是为了那一小块皮肤吗?②"

第十五章

【解 义】

　　本章承上章,孟子论述由于所养护的不同,因而有大人、小人之别。

---

① 朱熹认为:"贱而小者,口腹也;贵而大者,心志也。"
② 意为讲究吃喝若不失大,应是为了养心志,不仅是为了养肉体。

【原文】

11.15　公都子问曰:"钧是人也,或为大人,或为小人,何也?"孟子曰:"从其大体为大人,从其小体为小人。"曰:"钧是人也,或从其大体,或从其小体,何也?"曰:"耳目之官不思,而蔽于物。物交物,则引之而已矣。心之官则思,思则得之,不思则不得也。此天之所与我者,先立乎其大者,则其小者弗能夺也。此为大人而已矣。"

【译文】

公都子问道:"同样是人,有的成了大人,有的成了小人,什么原因呢?"孟子说:"顺从大体为大人,顺从小体①为小人。"问:"同样是人,有人顺从大体,有人顺从小体,什么原因呢?"孟子说:"耳目这些器官不会思索,受事物蒙蔽。物②与物相接触,只有引诱一种方式。心这个器官就是思索,思索就有所获得,不思索就无所获得。这是上天赋予我们的器官,作为大体的心先有所建立,作为小体的耳目就无法把它夺去。这样就成了大人了。"

---

① 大体指心,小体指耳目等。
② 耳目也是物。

第十六章

【解义】

本章孟子论述仁义忠信是天授的爵位。

【原文】

11.16　孟子曰:"有天爵者,有人爵者。仁义忠信,乐善不倦,此天爵也。公卿大夫,此人爵也。古之人修其天爵,而人爵从之。今之人修其天爵,以要人爵;既得人爵,而弃其天爵,则惑之甚者也,终亦必亡而已矣。"

【译文】

孟子说:"有天授的爵位,有人授的爵位。仁、义、忠、信,乐意向善而不疲倦,这就是天爵。公、卿、大夫,这是人爵。古代的人修养天爵,人爵随天爵而到来。现在的人修养天爵,来追求人爵;一旦得到人爵就抛弃天爵,这是非常糊涂的啊,最终必然连人爵也要丢掉的啊。"

第十七章

【解 义】

本章孟子认为,人最宝贵的不是高官厚禄,而是德行。

【原 文】

11.17 孟子曰:"欲贵者,人之同心也。人人有贵于己者,弗思耳①。人之所贵者,非良贵也。赵孟之所贵,赵孟能贱之。《诗》云:'既醉以酒,既饱以德。'言饱乎仁义也,所以不愿人之膏粱之味也;令闻广誉施于身,所以不愿人之文绣也。"

【译 文】

孟子说:"希望尊贵是人心都有的愿望。人人自身都有可尊贵的东西,只是未加思索罢了。别人给我的尊贵,不是真正

---

① 《十三经注疏》本作"弗思耳矣"。

的尊贵。赵孟①给的尊贵，赵孟还能夺去。《诗经·既醉》篇说：'酒已醉了，德已饱了。'说的是仁义饱了，所以不再眼馋人家的酒肉；良好的名声、广泛的称赞加在我的身上，所以不美慕人家的锦绣了。"

第十八章

【解义】

本章孟子评论当时的仁不能战胜不仁，是因为仁太少而不仁太多。

【原文】

11.18 孟子曰："仁之胜不仁也，犹水胜火。今之为仁者，犹以一杯水救一车薪之火也；不熄，则谓之水不胜火，此又与于不仁之甚者也。亦终必亡而已矣。"

---

① 赵孟：晋卿。他的权力能使人富贵，也能使人贫贱。

【译文】

　　孟子说:"仁战胜不仁,就像水战胜火。现在行仁的人,好像用一杯水要灭掉一车木柴燃起的大火;火不灭,就说水不胜火,这又是有力地帮助了不仁。终究一定连所行的那点仁也要亡失。"

第十九章

【解义】

　　本章孟子论述仁德一定要加以培养,使它成熟。

【原文】

　　11.19　孟子曰:"五谷者,种之美者也。苟为不熟,不如荑稗。夫仁,亦在乎熟之而已矣。"

【译文】

　　孟子说:"五谷,是庄稼中的好品种。假如不成熟,还不如稊米和稗子。仁,也就是要使它成熟罢了。"

第二十章

【解义】

本章孟子论述学习的人一定要有行事的规则。

【原文】

11.20 孟子曰:"羿之教人射,必志于彀;学者亦必志于彀。大匠诲人,必以规矩,学者亦必以规矩。"

【译文】

孟子说:"羿教人射箭,一定要拉满弓;学射的人也一定要拉满弓。高明的本匠教人,一定根据规矩,学徒也一定依照规矩。"

第六篇（下） 告子（下）

共十六章

第一章

【解义】

本章比较礼与食（觅食）、色（求偶）哪个更重要。孟子指出，在作这种比较时，应有程度的差别，即量的区分。

【原文】

12.1 任人有问屋庐子曰："礼与食孰重？"曰："礼

重。""色与礼孰重?"曰:"礼重。"曰:"以礼食,则饥而死;不以礼食,则得食,必以礼乎?亲迎,则不得妻;不亲迎,则得妻,必亲迎乎?"屋庐子不能对,明日之邹,以告孟子。孟子曰:"于答是也何有?不揣其本而齐其末,方寸之木可使高于岑楼。金重于羽者,岂谓一钩金与一舆羽之谓哉?取食之重者与礼之轻者而比之,奚翅食重?取色之重者与礼之轻者而比之,奚翅色重?往应之曰:'紾兄之臂而夺之食,则得食;不紾,则不得食,则将紾之乎?逾东家墙而搂其处子,则得妻;不搂,则不得妻,则将搂之乎?'"

【译文】

任国有人问屋庐子①:"遵守礼制与觅食,哪样重要?"答:"礼重要。""求偶与遵循礼制,哪样重要?"答:"礼重要。"问:"遵循礼制觅食,就将饥饿而死;不守礼制觅食,就会得到食物,一定要遵循礼制吗?行亲迎礼②,就得不着妻子;不亲迎,就能得到妻子,还一定要坚持亲迎礼吗?"屋庐子答不上来,第二天到邹国,告诉了孟子。孟子说:"回答这个有什么困难?不看它的根基而只比较它的末端,一寸长

---

① 任国:国名。屋庐子:孟子弟子。
② 亲迎礼:古礼规定,新郎必须亲自迎娶新娘。

的木棍也能高过万丈高楼。金属比羽毛重，难道是把一两①金属和一车羽毛相比吗？拿生命攸关的觅食问题和细枝末节的礼相比，岂只是觅食比礼重要而已？拿是否后继有人的问题和细枝末节的礼相比，岂只是求偶比礼重要而已？你回去对他说：'扭住哥哥的胳膊夺他的饭碗，就有饭吃；不扭不夺就没饭吃，你要不要扭夺呢？翻过邻居的墙去搂抱人家的处女，可得到妻子；不去搂抱就得不到妻子，你要不要搂抱呢？'"

第二章

【解 义】

　　本章孟子论述"人皆可以为尧舜"。

【原 文】

　　12.2　曹交问曰："人皆可以为尧舜，有诸？"孟子曰："然。""交闻文王十尺，汤九尺，今交九尺四寸以

---

①　一两：原文"一钩"，一个衣带钩，其重不足一两。在这里孟子有了模糊的比重观念。

长，食粟而已，如何则可？"曰："奚有于是？亦为之而已矣。有人于此，力不能胜一匹雏，则为无力人矣。今曰举百钧，则为有力人矣。然则举乌获之任，是亦为乌获而已矣。夫人岂以不胜为患哉？弗为耳。徐行后长者谓之弟，疾行先长者谓之不弟。夫徐行者，岂人所不能哉？所不为也。尧舜之道，孝弟而已矣。子服尧之服，诵尧之言，行尧之行，是尧而已矣；子服桀之服，诵桀之言，行桀之行，是桀而已矣。"曰："交得见于邹君，可以假馆，愿留而受业于门。"曰："夫道，若大路然，岂难知哉？人病不求耳。子归而求之，有余师。"

【译文】

曹交①问道："人人都可以做尧舜，这是您说的吗？"孟子说："是的。""我听说周文王身高一丈，商汤九尺，现在我身高九尺四寸多，不过是个饭桶罢了，怎样才能成为尧舜呢？"孟子说："和身高有什么关系呢？努力做就是了。假如有个人，他的力气提不起一只小鸭，就是个无力气的人。假如能举起千斤，就是个大力士了。那么，能举起乌获②所举的重量，也就可以称作乌获了。人怎能以不胜任为忧呢？不去做罢

---

① 曹交：赵岐认为是曹国国君之弟，名交。
② 乌获：古代大力士。据说乌获能举千钧，一钧合三十斤。

了。放慢脚步，让长者在前，叫作做悌；抢先一步，走在长者前头，叫不悌。慢走一步，难道是人办不到的吗？不去做罢了。尧舜之道，不过是孝、悌二字罢了。您穿尧的服装，诵念尧的话，做尧做的事，这就是尧了；您穿桀的服装，诵念桀的话，做桀做的事，这就是桀了。"曹交说："我要去见你们的国君，请他给我安排个住处，我希望留在您的门下读书。"孟子说："道，像大路一样，岂有难理解的？怕的是人不去追求。您回去用心追求，许多人都可以做老师。"

第三章

【解义】

　　本章孟子评论《诗经》中《小弁》《凯风》两首诗。认为对亲人的怨，正反映了对亲人的亲，这种感情正是仁的表现。

【原文】

　　12.3　公孙丑问曰："高子曰：'《小弁》，小人之诗也。'"孟子曰："何以言之？"曰："怨。"曰："固哉，高叟之为《诗》也！有人于此，越人关弓而射之，则己谈笑而道之；无他，疏之也。其兄关弓而射之，则己垂涕泣而道之；无他，戚之也。《小弁》之怨，亲亲也。亲亲，仁也。固矣夫，高叟之为《诗》也！"曰："《凯风》何以不怨？"曰："《凯风》，亲之过小者也；《小弁》，亲之过大者也。亲之过大而不怨，是愈疏也；亲之过小而怨，是不可矶也。愈疏，不孝也；不可矶，亦不孝也。孔子曰：'舜其至孝矣，五十而慕。'"

【译 文】

公孙丑问："高子说，《小弁》①，是小人之诗。"孟子说："何以见得？"答："有怨气。"孟子说："高老先生对《诗》的理解太狭隘了！假如有个人，越国人张弓射他，他自己会谈笑自若地说这件事；没别的原因，因为他和越国人关系疏远啊。假如他哥哥弯弓射他，他就会涕泪交流地说这件事；没别的原因，因为他和哥哥关系亲近啊。《小弁》的怨气，正是对亲人的亲近。亲近亲人，是仁德。高老先生对《诗》的理解

---

① 《小弁》：《诗经·小雅》的一篇。《毛诗》认为周幽王先娶申氏为后，生太子宜臼，又娶褒姒，生伯服。于是周幽王废除申氏和宜臼，使他们母子不能再做王后和太子。宜臼的老师作了这首诗。

狭隘啊!"问:"《凯风》① 为什么没有怨气?"孟子说:"《凯风》这首诗,亲人的过错小;《小弁》,亲人的过错大。亲人过错大还没有怨气,是愈加疏远;亲人过错小而有怨气,就是受不了一点委屈。愈加疏远,是不孝;不能受委屈,也是不孝。孔子说:'舜真是最孝的人啊,五十岁了还念念不忘父母。'"

第四章

【解义】

　　本章通过与宋牼的对话,孟子表达了应以仁义之道去说服诸侯,不应以利害关系去说服诸侯的主张。

【原文】

　　12.4　宋牼将之楚,孟子遇于石丘,曰:"先生将何

---

① 《凯风》:《诗经·国风·邶风》的一篇。其中讲的是卫国有一位母亲有七个孩子想改嫁。孩子们作这首诗责备自己,认为自己没能使母亲舒心。

之?"曰:"吾闻秦、楚构兵,我将见楚王说而罢之。楚王不悦,我将见秦王说而罢之。二王我将有所遇焉。"曰:"轲也请无问其详,愿闻其指。说之将何如?"曰:"我将言其不利也。"曰:"先生之志则大矣,先生之号则不可。先生以利说秦、楚之王,秦、楚之王悦于利,以罢三军之师,是三军之士乐罢而悦于利也。为人臣者怀利以事其君,为人子者怀利以事其父,为人弟者怀利以事其兄,是君臣、父子、兄弟终去仁义,怀利以相接,然而不亡者,未之有也。先生以仁义说秦、楚之王,秦、楚之王悦于仁义,而罢三军之师,是三军之士乐罢而悦于仁义也。为人臣者怀仁义以事其君,为人子者怀仁义以事其父,为人弟者怀仁义以事其兄,是君臣、父子、兄弟去利,怀仁义以相接也,然而不王者,未之有也。何必曰利?"

【译 文】

宋牼①要到楚国,孟子在石丘这个地方和他相遇,问道:"先生要到哪里去?"宋牼说:"听说秦国、楚国要开战,我要去见楚王说服他罢兵。假如楚王不听,我就去见秦王说服他罢

---

① 宋牼:宋国人,也作宋钘、宋荣。战国时代思想家。主张不把受欺侮看作耻辱,企图以此消解天下的争斗。其主张保存在《庄子·天下篇》《荀子·非十二子篇》《韩非子·显学》等。

兵。二位国王,一定有人听我的。"孟子说:"我不想详细问,只想知道您的宗旨。您将怎样说服他们?"宋牼说:"我将告诉他们,战争对谁都是不利的。"孟子说:"先生的志向是很大的啊,但是您的说法行不通。先生用是否有利游说秦王和楚王,秦王、楚王认为有利,从而罢兵不战,这样三军将士乐意罢兵是因为喜欢有利。做人的臣子,怀抱利益之心事奉君主;做人的儿子,怀抱利益之心事奉父亲;做人兄弟,怀抱利益之心事奉兄长,这样,君臣、父子、兄弟就会彻底脱离仁义,而怀抱利益互相交往,假如这样还不亡国,是没有的事。假如先生用仁义说服秦王、楚王,秦王、楚王喜欢仁义而罢兵不战,这样三军将士乐意罢兵是因为喜欢仁义。做人臣子,怀抱仁义事奉君主;做人的儿子,怀抱仁义事奉父亲;做人的兄弟,怀抱仁义事奉兄长,这样君臣、父子、兄弟脱离利害的考虑,怀抱着仁义互相交往,假如这样还不称王天下,是没有的事。何必说什么有利没利?"

第五章

【解 义】

本章讲述孟子在礼尚往来方面的两件事。

【原 文】

12.5　孟子居邹，季任为任处守，以币交，受之而不报。处于平陆，储子为相，以币交，受之而不报。他日，由邹之任，见季子；由平陆之齐，不见储子。屋庐子喜曰："连得间矣。"问曰："夫子之任见季子，之齐不见储子，为其为相与？"曰："非也。《书》曰：'享多仪，仪不及物曰不享，惟不役志于享。'为其不成享也。"屋庐子悦。或问之，屋庐子曰："季子不得之邹，储子得之平陆。"

【译 文】

孟子住在邹国，季任①替国君居守任国，送来礼物和孟子交友，孟子接受了礼物却不回报。后来住在平陆②，储子做齐国宰相，送来礼物和孟子交友，孟子接受了礼物却不回报。有一天孟子从邹国到任国，会见了季子；从平陆到齐都，没有去会见储子。屋庐子高兴地说："我终于找到问题了。"问孟子："先生到任国会见季子，到齐国不会见储子，因为储子仅是个宰相吗？"孟子说："不是的。《尚书·洛诰》篇说：'进献有

---

① 季任：赵岐注，季任是任国国君的弟弟。
② 平陆：齐国地名，即今天的山东汶上县，离齐都临淄六百里左右。

许多礼节，礼节赶不上礼物丰盛，等于没有进献，因为他没有诚心进献。'因为储子没有完成他的进献啊。"屋庐子很高兴。有人问这件事，屋庐子说："季子是不可能到邹国的，而储子应该到平陆。"①

第六章

【解 义】

本章孟子论述贤人的作用及其往往不被人理解。

【原 文】

12.6　淳于髡曰："先名实者，为人也；后名实者，自为也。夫子在三卿之中，名实未加于上下而去之，仁者固如此乎？"孟子曰："居下位，不以贤事不肖者，伯夷也；五就汤，五就桀者，伊尹也；不恶污君，不辞小官者，柳下惠也。三子者不同道，其趋一也。一者何也？曰，仁也。君子亦仁而已矣，何必同？"曰：

---

① 季子留守，不能离开。储子可以到平陆却没去。

"鲁缪公之时，公仪子为政，子柳、子思为臣，鲁之削也滋甚。若是乎，贤者之无益于国也！"曰："虞不用百里奚而亡，秦穆公用之而霸。不用贤则亡，削何可得与？"曰："昔者王豹处于淇，而河西善讴；绵驹处于高唐，而齐右善歌。华周、杞梁之妻善哭其夫，而变国俗。有诸内，必形诸外。为其事而无其功者，髡未尝睹之也。是故无贤者也，有则髡必识之。"曰："孔子为鲁司寇，不用，从而祭，燔肉不至，不税冕而行。不知者以为为肉也，其知者以为为无礼也。乃孔子则欲以微罪行，不欲为苟去。君子之所为，众人固不识也。"

【译 文】

淳于髡说："重视名誉和功业，是为别人；轻视名誉和功业，是为自己。先生处在三卿的位置之上，名誉和功业无论是对于君主还是对于百姓都没有成就却要离开，仁者难道是这样的吗？"孟子说："处于下位，不以自己的德才去事奉昏君的是伯夷；五次投奔汤，五次投奔桀的是伊尹；不讨厌昏君，不辞去小官的是柳下惠。三位方式不同，归宿是一个。是哪一个呢？是仁啊！君子只要仁就可以了，何必方式相同？"淳于髡说："鲁缪公当时，公仪子①当政，子柳②、子思为臣，鲁国削

① 公仪子：名休，当时为鲁国宰相。
② 子柳：即泄柳。

弱得更加厉害。如果是这样的话，贤者对于国家也没什么益处啊！"孟子说："虞国不用百里奚而亡国，秦穆公用了百里奚而称霸。不用贤人就亡国，何止是削弱呢？"淳于髡说："过去王豹住在淇水①旁，河西②的人就爱唱；绵驹住在高唐③，齐国西部的人就善歌；华周、杞梁的妻子痛哭他们的丈夫，从而改变了一国的风气④。心里有的一定要表现于外。做什么事却没有相应的功业，我还没有见到过。所以是没有贤者啊，如果有，我一定能识别出来。"孟子说："孔子做鲁国司寇，不被重用，参加祭祀，祭肉却不分给他，于是不等换下祭服就离了鲁国。不知道的以为孔子所争的是那点祭肉，知道的认为是掌权者的无礼。至于孔子，宁愿自己背点小罪名而离开，不愿无缘无故地离开。君子的行为，一般人是很难理解的。"

---

① 王豹：卫国歌手。淇水：河名。
② 河西：当时卫国在黄河之西，河道与今天不同。
③ 绵驹：齐国歌手。高唐：齐国西部地名。
④ 华周、杞梁：都是齐国臣子，战死后，他们的妻子哭得特别哀痛，受她们影响，齐国人都善哭。

第七章

【解义】

本章孟子论述五霸不如三王,当时的诸侯又不如五霸等等。

【原文】

12.7 孟子曰:"五霸者,三王之罪人也。今之诸侯,五霸之罪人也;今之大夫,今之诸侯之罪人也。天子适诸侯曰巡狩,诸侯朝于天子曰述职。春省耕而补不足,秋省敛而助不给。入其疆,土地辟,田野治,养老尊贤,俊杰在位,则有庆,庆以地。入其疆,土地荒芜,遗老失贤,掊克在位,则有让。一不朝则贬其爵;再不朝则削其地;三不朝则六师移之。是故天子讨而不伐,诸侯伐而不讨。五霸者,搂诸侯以伐诸侯者也。故曰:'五霸者,三王之罪人也。'五霸,桓公为盛。葵丘之会,诸侯束牲载书而不歃血。初命曰:'诛不孝,无易树子,无以妾为妻。'再命曰:'尊贤育才,以彰有德。'

三命曰：'敬老慈幼，无忘宾旅。'四命曰：'士无世官，官事无摄，取士必得，无专杀大夫。'五命曰：'无曲防，无遏籴，无有封而不告。'曰：'凡我同盟之人，既盟之后，言归于好。'今之诸侯皆犯此五禁，故曰：今之诸侯，五霸之罪人也。长君之恶其罪小，逢君之恶其罪大。今之大夫，皆逢君之恶，故曰：今之大夫，今之诸侯之罪人也。"

【译文】

孟子说："五霸，是三王①的罪人。今天的诸侯，是五霸的罪人；今天的大夫，是今天诸侯的罪人。天子到诸侯那里叫巡狩，诸侯朝见天子叫述职。春天视察耕作情况而补助有困难者，秋天视察收获情况而救济歉收户。到了他的境内，土地开垦了，庄稼种得好，赡养老人，尊敬贤者，德才兼备者被任以高位，天子就有赏赐，赏赐给土地。到他的国境以内，土地荒芜，老人得不到赡养，贤人得不到尊敬，专会搜刮的人位居要职，天子就要责备。一次不朝见，就降低爵位；两次不朝见，就削减土地；三次不朝见，就兴兵讨之。所以天子讨而不伐，诸侯伐而不讨②。五霸，是纠集一部分诸侯伐另一部分诸

---

① 五霸：赵岐注认为是齐桓公、晋文公、秦穆公、宋襄公、楚庄王。
  三王：是夏禹、商汤、周文王和周武王这三代之王。
② 朱熹《四书集注》："讨者，出命以讨其罪"，"伐者，奉天子之命，声其罪而伐之"。

侯的人。所以说：'五霸，是三王的罪人。'五霸之中，齐桓公最强盛。在葵丘和诸侯会盟，捆绑了牲畜写好了盟书却不歃血。盟约第一条：'惩戒不孝者，不准改立世子，不准以妾为妻。'第二条：'尊重贤人，培养人才，表彰有德者。'第三条：'尊老爱幼，招待好贵宾和旅客。'第四条：'士人官职不世袭，官吏不准兼职，用人必须得当，不得擅自处死大夫。'第五条：'不准乱筑堤防，不得禁止邻国购粮，不得随意分封而不向天子报告。'最后说：'凡是参加同盟的人，盟会以后，应当互相友好。'① 现在的诸侯都犯了这五条禁令，所以说：现在的诸侯，是五霸的罪人。助长君主的恶德，罪过还不大；故意迎合君主的恶德，罪过可就大了。今天的大夫，都故意迎合君主的恶德，所以说：今天的大夫，是今天诸侯的罪人。"

第八章

【解义】

　　本章孟子告诫鲁国臣子慎滑②釐不要兴兵攻占别国土地。

---

① 上述盟约及盟会情况，参阅《春秋谷梁传·僖公九年》。
② 滑：音 gǔ。

【原文】

12.8 鲁欲使慎子为将军。孟子曰:"不教民而用之,谓之殃民。殃民者,不容于尧舜之世。一战胜齐,遂有南阳,然且不可。"慎子勃然不悦,曰:"此则滑釐所不识也。"曰:"吾明告子。天子之地方千里;不千里,不足以待诸侯。诸侯之地方百里;不百里,不足以守宗庙之典籍。周公之封于鲁,为方百里也;地非不足,而俭于百里。太公之封于齐也,亦为方百里也;地非不足也,而俭于百里。今鲁方百里者五,子以为有王者作,则鲁在所损乎?在所益乎?徒取诸彼以与此,然且仁者不为,况于杀人以求之乎?君子之事君也,务引其君以当道,志于仁而已。"

【译文】

鲁国准备让慎子做将军。孟子说:"不教育就让百姓作战,叫作殃民。殃民的人,尧舜时代是不容许的。一战就胜齐国,得到南阳①,尚且不可以。"慎子勃然发怒,说:"你说的什么我不明白。"孟子说:"我明白告诉你。天子的直接辖区,方圆千里;不够一千里,就不足以接待诸侯。诸侯的土地,方圆百里;不够百里,就不足以保证宗庙的祭祀等等。周

---

① 南阳:即汶阳,在汶水以北。

公封到鲁国，应该方圆百里；不是天子的土地不足，但周公仅止于百里。太公封在齐国，也是方圆百里；天子的土地不是不足，但太公仅止于百里。现在鲁国是方圆百里的五倍，您认为若有王者兴起，他将使鲁国的土地减少呢，还是使它增加呢？白白地拿那个国家的土地给这个国家，这样的事，仁者都不会做，何况用杀人来达到目的呢？君子事奉君主，务必引导君主走正道，努力行仁才是。"

第九章

【解义】

孟子认为，当时的良臣，是古代的民贼。因为他们的君主争夺土地，搜刮钱财。

【原文】

12.9 孟子曰："今之事君者皆曰：'我能为君辟土地，充府库。'今之所谓良臣，古之所谓民贼也。君不乡道，不志于仁，而求富之，是富桀也。'我能为君约与国，战必克。'今之所谓良臣，古之所谓民贼也。君不乡道，不志于仁，而求为之强战，是辅桀也。由今之道，无变今之俗，虽与之天下，不能一朝居也。"

【译文】

孟子说："今天事奉君主的都说：'我能让君主的土地增加，府库充足。'现在的所谓良臣，是古代的所谓民贼。君主不向王道，不立志于仁，却想方设法让他富，这是让桀纣一样的人富足。'我能替君主联系到盟国，使战必胜。'今天所谓的良臣，是古代的所谓民贼。君主不向王道，不立志于仁，却想方设法替他努力作战，这是辅佐桀纣一类人。按今天的办法，不改变今天的风气，即使把整个天下给他，他也一天都坐不稳。"

第十章

【解义】

本章孟子论税率不可太轻。

【原文】

12.10 白圭曰："吾欲二十而取一，何如？"孟子曰："子之道，貉道也。万室之国，一人陶，则可乎？"曰："不可，器不足用也。"曰："夫貉，五谷不生，惟黍生之。无城郭、宫室、宗庙、祭祀之礼，无诸侯币帛饔飧，无百官有司，故二十取一而足也。今居中国，去人伦，无君子，如之何其可也？陶以寡，且不可以为国，况无君子乎？欲轻之于尧、舜之道者，大貉、小貉也；欲重之于尧、舜之道者，大桀、小桀也。"

【译文】

白圭①问："我想实行二十取一的税率，怎么样？"孟子说："你的办法是貉②国的办法。一万户的国家，只有一人制陶，可以吗？"答："不可以。器皿不够用的。"孟子说："貉国，五谷不生，只长黍子。没有城郭宫室，也没有宗庙祭祀的礼仪，没有诸侯的送礼宴请，也没有百官和各个部门，所以二十取一就够了。今天您是在中原，抛弃人伦，不要君子，怎么可以呢？制陶的人少，尚且无法治国，何况没有君子呢？想比尧舜的税率还轻的，不过是大貉、小貉罢了；想比尧舜税率还重的，就是大桀、小桀。"

---

① 白圭：名丹，周人。
② 貉：北方小国。

第十一章

【解 义】

本章孟子批评白圭治水"以邻为壑"。

【原 文】

12.11　白圭曰:"丹之治水也,愈于禹。"孟子曰:"子过矣。禹之治水,水之道也,是故禹以四海为壑。今吾子以邻国为壑。水逆行,谓之洚水。洚水者,洪水也,仁人之所恶也。吾子过矣。"

【译 文】

白圭说:"我治理洪水,比大禹还高明。"孟子说:"你过分了。大禹治水,是随顺水性,所以大禹把四海当作泄水的沟壑。现在您把邻国当作泄水的沟壑。水逆行,叫作洚水。洚水,就是洪水,是仁人所厌恶的。你过分了。"

第十二章

【解 义】

孟子论述信誉和操守的关系。

【原 文】

12.12 孟子曰:"君子不亮,恶乎执?"

【译 文】

孟子说:"君子若是不讲信誉,还能有什么操守?"

第十三章

【解 义】

孟子论述好听善言对于治国的重要。

【原文】

12.13　鲁欲使乐正子为政。孟子曰"吾闻之,喜而不寐。"公孙丑曰:"乐正子强乎?"曰:"否。""有知虑乎?"曰:"否。""多闻识乎?"曰:"否。""然则奚为喜而不寐?"曰:"其为人也好善。""好善足乎?"曰:"好善优于天下,而况鲁国乎?夫苟好善,则四海之内皆将轻千里而来告之以善。夫苟不好善,则人将曰:'訑訑,予既已知之矣。'訑訑之声音颜色,距人于千里之外。士止于千里之外,则谗谄面谀之人至矣。与谗谄面谀之人居,国欲治,可得乎?"

【译文】

鲁国打算让乐正子执政。孟子说:"我听说了,高兴得睡不着觉。"公孙丑问:"乐正子强有力吗?"答:"不。""有智谋吗?"答:"不。""博闻强记吗?"答:"不。""那么您为什么高兴得睡不着觉?"答:"他这个人爱听善言。""爱听善言就够了吗?"答:"爱听善言,治天下尚且绰绰有余,何况一个鲁国?假如爱听善言,那么四海之内,都将不远千里而来告诉你善言。假如不爱听善言,那么他就会说:'啊,啊,我早已知道了。'① 这'啊,啊'的声音、脸色,就会拒人于千里

---

①　模仿不爱听善言者的声音姿态。

之外。士人停在千里之外,那些好说人坏话、阿谀奉承的人就到了。和好说坏话、阿谀奉承的人在一起处,想把国家治好,可能吗?"

第十四章

【解义】

本章孟子论述古代的君子在什么情况下才出仕。

【原文】

12.14 陈子曰:"古之君子何如则仕?"孟子曰:"所就三,所去三。迎之致敬以有礼,言将行其言也,则就之;礼貌未衰,言弗行也,则去之。其次,虽未行其言也,迎之致敬以有礼,则就之;礼貌衰,则去之。其下,朝不食,夕不食,饥饿不能出门户,君闻之,曰:'吾大者不能行其道,又不能从其言也。使饥饿于我土地,吾耻之。'周之,亦可受也,免死而已矣。"

【译文】

陈子①问:"古代的君子什么情况下才出仕?"孟子说:"可以出仕的情况有三种,应该辞职的情况有三种。欢迎你恭敬而有礼,并表示要实行你的主张,就出仕;恭敬有礼仍旧,主张却不被采纳,就离开。其次,虽然没有说实行你的主张,但欢迎你恭敬而有礼,就出仕;不再恭敬有礼,就离开。最差的情形是,早晨没饭吃,晚上没饭吃,饿得走不出家门,君主听说了,说:'从大处说我不能行他的道,又不能听进他的话。让他在我的国土上挨饿,我感到羞耻。'于是救济他,这也可以接受,也仅是为了不被饿死而已。"

第十五章

【解义】

本章孟子通过舜、傅说等前代贤人的事迹说明,天要让某人担当大任,必使他先经受一系列艰苦的考验。

---

① 陈子:赵岐注认为即陈臻。

【原 文】

12.15 孟子曰:"舜发于畎亩之中,傅说举于版筑之间,胶鬲举于鱼盐之中,管夷吾举于士,孙叔敖举于海,百里奚举于市。故天将降大任于是人也,必先苦其心志,劳其筋骨,饿其体肤,空乏其身,行拂乱其所为,所以动心忍性,曾益其所不能。人恒过,然后能改;困于心,衡于虑,而后作;征于色,发于声,而后喻。入则无法家拂士,出则无敌国外患者,国恒亡。然后知生于忧患而死于安乐也。"

【译 文】

孟子说:"舜兴起于在田野耕作的时候,傅说①被提拔是在他为奴筑墙的时候,胶鬲②被提拔于鱼盐贩子之中,管仲③被举荐时他正在狱中,孙叔敖④被举荐于荒凉海滨,百里奚被举荐时正做小贩。所以,天将要降临大任给某人的时候,必定先苦磨他的心志,劳累他的筋骨,饥饿他的肚腹,使他钱财空乏,使他的行动总是背时倒霉,以此来惊动他的心,坚韧他的性,增益他尚缺乏的才能。人经常有点过错,然后能吸取教

① 傅说:说,音 yuè。傅说在筑墙的奴隶之中被商王武丁提拔为相。
② 胶鬲:商末动乱,以贩鱼盐为生,被周文王任用。
③ 管仲:在被囚禁之后了做了齐桓公的相。
④ 孙叔敖:孙叔敖隐居海滨,被楚庄王提拔为令尹。

训；内心困苦，思虑焦灼，然后发愤兴作；① 表现于脸色，体现于声音，然后才能明白。国内无守法不阿之臣和直谏之士，国外无压境的强敌和被入侵的忧虑，这个国家往往要灭亡。然后知道忧患使人生存，安乐会导致灭亡啊。"

第十六章

【解 义】

孟子论述不教诲也是一种教诲。

【原 文】

12.16　孟子曰："教亦多术矣。予不屑之教诲也者，是亦教诲之而已矣。"

【译 文】

孟子说："教育的办法有多种。我不屑于教诲他，也是一种教诲。"

---

① 从"人经常……"至此，是讲人要经常有点挫折，才能成熟和发愤。下面讲一个国家也是如此。

第七篇（上）尽心（上）

共四十六章

【解题】

前六篇从王道仁政讲到人的修身：孝悌仁义，又从仁义孝悌讲到人的本性。在这一章里，孟子则通论了天（上帝）、人性、人心的关系。

孟子认为，人之所以有恶行，本善之性未得事事表现出来，就是没有穷尽自己的心，即没有穷尽自己心中蕴藏的善性。人若能穷尽自己的心，就是知晓自己本善之性。知晓本善之性，就是知天（上帝）。因为性乃是天之所命。孟子要求，人要无条件地接受这个天命。

从孟子的一贯言论看来，孟子所说天命是最重要的内容，就是赋予人一个善性，使人行仁义孝悌之道。所以孟子认为，人们能够保持这个善心，养护这个善性，就是事奉天

(上帝），而不是只有虔诚的祷告，丰盛的祭祀才是事奉上帝。孟子对天、性、心关系的论述，对事天的主张，是我们认识儒家和儒学本质的重要思想材料。

本篇前几章，是孟子对天、性、心的理论论述，后面就多是孟子这个主张在各种人与事中的表现。也只有围绕天、性、心的关系，才能理解本篇众多似乎杂乱而互不相干的内容，并进而理解孟子整个思想体系。

第一章

【解 义】

孟子论述尽心、知性、知天，并认为存心、养性的目的是为了事奉天（上帝）；终生不渝地事奉天，目的是为了"立命"①，即完成天所赋予的使命。本章应看作本篇的纲。

【原 文】

13.1 孟子曰："尽其心者，知其性也；知其性，则

---

① 立命：朱熹注认为，即"全其天之所付，不以人为害之"。

知天矣。存其心，养其性，所以事天也。夭寿不贰，修身以俟之，所以立命也。"

【译文】

孟子说："穷尽了自己的心，就知道了自己的性；知道了自己的性，就知道了天。保持自己的心，养护自己的性，是为了事奉天。无论长寿、短命都始终不渝，修养自身以等待生命的终结，为的是完成天赋的使命。"

第二章

【解义】

本章承上章，孟子论述天命在实现过程中的各种情况和表现。

【原文】

13.2　孟子曰："莫非命也，顺受其正。是故知命者不立乎岩墙之下。尽其道而死者，正命也。桎梏死者，非正命也。"

【译文】

　　孟子说:"没有不是命的,应顺从地接受正命。所以懂得天命的不立在危墙之下。完成了所负使命而死的,是正命。受刑罚而死的,不是正命。"

第三章

【解义】

　　孟子论述在己的东西是可以求得的,在外的东西即使追求也未必得到,因为有天命。

【原文】

　　13.3　孟子曰:"求则得之,舍则失之,是求有益于得也,求在我者也。求之有道,得之有命,是求无益于得也,求在外者也。"

【译文】

　　孟子说:"追求就会得到,不追求就会失掉,这个追求有益于获得，因为追求在于自己的努力。追求有一定的方式，获得有赖于命运，这个追求无益于获得，因为追求的是身外之物。"①

第四章

【解 义】

本章论述"万物皆备于我"。对于孟子这个命题，历来说法不一。依赵岐注和朱熹注，都讲的是人心具备了万事②的道理。大到君臣父子，小到日常琐事，我们认为，这种说法是对的。

【原 文】

13.4　孟子曰："万物皆备于我矣。反身而诚，乐莫大焉。强恕而行，求仁莫近焉。"

---

① 朱熹《四书集注》："在我者，谓仁义礼智，凡性之所有者"，"在外者，谓富贵利达，凡外物皆是"。
② "万事"之"事"，主要是社会事件。

【译 文】

孟子说:"一切人事的道理我都具备了。反思自身确实如此,其快乐无法比拟①。努力以忠恕之道而行,追求仁德再没有比这样更近的了②。"

第五章

【解 义】

孟子论述一般人不能理解自己行为的意义。

【原 文】

13.5　孟子曰:"行之而不著焉,习矣而不察焉,终身由之而不知其道者,众也。"

【译 文】

孟子说:"做了却不明白是应当这么做,习惯了却不知原

---

① 因为确实如此,行仁义等就是出自本性,所以快乐无法比拟。
② 这是讲求仁的方法。

因是什么，一辈子这么做却不知这是为人之道，这样的人多了。"

第六章

【解 义】

孟子认为人应该知耻，而不应该无耻。

【原 文】

13.6　孟子曰："人不可以无耻。无耻之耻，无耻矣。"

【译 文】

孟子说："人不可以不知道什么是耻辱。不知道什么是耻辱的那种耻辱，就是无耻。"

第七章

【解义】

孟子认为,善于随风变幻的人,是没有羞耻感的人。人一旦失去羞耻感,其他一切都无从谈起。

【原文】

13.7 孟子曰:"耻之于人大矣。为机变之巧者,无所用耻焉。不耻不若人,何若人有?"

【译文】

孟子说:"羞耻感对人太重要了。善于随风变幻的人,是用不着什么羞耻感的。不以比不上别人为羞耻,如何能赶上别人呢?"

第八章

【解 义】

本章孟子论古代的贤王、贤士好善而忘了权势。

【原 文】

13.8 孟子曰:"古之贤王好善而忘势,古之贤士何独不然?乐其道而忘人之势。故王公不致敬尽礼,则不得亟见之。见且由不得亟,而况得而臣之乎?"

【译 文】

孟子说:"古代的贤王好善而忘了权势,古代的贤士又何尝不是如此?以自己的道为乐而忘了别人的权势。所以王公如果不恭敬并且礼节周到,就不能多次见他。见他尚且不能多次,何况要把他作为臣子呢?"

第九章

【解 义】

孟子论述士人应始终不离开自己的道,无论别人是否了解,都应悠然自得。"穷则独善其身,达则兼善天下。"

【原 文】

13.9　孟子谓宋句践曰:"子好游乎?吾语子游。人知之,亦嚣嚣;人不知,亦嚣嚣。"曰:"何如斯可以嚣嚣矣?"曰:"尊德乐义,则可以嚣嚣矣。故士穷不失义,达不离道。穷不失义,故士得己焉;达不离道,故民不失望焉。古之人,得志,泽加于民;不得志,修身见于世。穷则独善其身,达则兼善天下。"

【译 文】

孟子对宋句践①说:"您好游说吗?我告诉您如何游说。

---

①　宋句践:句,音 gōu,其人不详。

人家理解，悠然自得；不理解，照样悠然自得。"宋句践问："怎样才可以悠然自得？"孟子说："尊崇道德，乐行仁义，就可以悠然自得。所以士人不得志时不丢失义，飞黄腾达时不离开道。不得志时不失义，所以士人可保持住自我；飞黄腾达不离道，所以百姓们不会失望。古代的人，得志时恩泽加于百姓；不得志时修养自身扬名当世。不得志时自己要好好修养自身，飞黄腾达还要让天下人向善。"

第十章

【解 义】

本章孟子论述豪杰之士不必等待别人就自己奋发。

【原 文】

13.10 孟子曰："待文王而后兴者，凡民也。若夫豪杰之士，虽无文王犹兴。"

【译 文】

孟子说："等待文王然后才能奋发的，是普通百姓。至于豪杰之士，即使没有文王也要奋发。"

第十一章

【解 义】

孟子论述不把财富看在眼里的人，有过人的见识。

【原 文】

13.11 孟子曰："附之以韩、魏之家，如其自视欿然，则过人远矣。"

【译 文】

孟子说："再把韩、魏二家的财富给他①，他对此仍不满足②，他的见识超出一般人多了。"

---

① 春秋时晋国有六卿，其中韩、魏二家最富。
② 不是嫌财富少，而是不满足于仅有财富。

第十二章

【解 义】

　　孟子认为，国君行正道，百姓即使劳苦，甚至丧命，也无怨言。

【原 文】

　　13.12　孟子曰："以佚道使民，虽劳不怨；以生道杀民，虽死不怨杀者。"

【译 文】

　　孟子说："为了使民安逸而役使百姓，即使劳苦也不怨恨；为了使民生存而使百姓丧命，即使死亡也不怨恨杀他的人。"

第十三章

【解 义】

孟子论王与霸的不同以及君子的作用。

【原 文】

13.13　孟子曰:"霸者之民,驩虞如也;王者之民,皞皞如也。杀之而不怨,利之而不庸,民日迁善而不知为之者。夫君子所过者化,所存者神,上下与天地同流,岂曰小补之哉?"

【译 文】

孟子说:"霸者的百姓,高高兴兴;王者的百姓,轻轻松松。被杀也不怨恨,获利也不感恩,百姓们天天向善却不知谁让自己如此。君子经过的地方,百姓得到教化;所停留的地方,影响更加神妙。他的作为就像天地的运行①,怎么能说是

---

① 功德及于万物,而又自然而然。

小小的补益呢?"

第十四章

【解 义】

本章孟子论述教化的重要。

【原 文】

13.14 孟子曰:"仁言不如仁声之入人深也。善政不如善教之得民也。善政民畏之,善教民爱之。善政得民财,善教得民心。"

【译 文】

孟子说:"仁的言论不如仁的声誉感人之深。优良的政治不如优良的教化能得到百姓拥护。优良的政治百姓害怕,优良的教化百姓喜爱。优良的政治能得到民财,优良的教化可得到民心。"

第十五章

【解义】

孟子认为，亲敬父母兄长的仁义行为，是人生来就具有的良知良能。

【原文】

13.15 孟子曰："人之所不学而能者，其良能也；所不虑而知者，其良知也。孩提之童，无不知爱其亲者；及其长也，无不知敬其兄也。亲亲，仁也；敬长，义也。无他，达之天下也。"

【译文】

孟子说："人不必经过学习就会做的，是良能；不必思虑就懂得的，是良知。二三岁的孩童，没有不知爱父母的；长大一点，没有不知敬兄长的。亲近父母，是仁；尊敬长上，是义。没有其他原因，因为这两种品格遍布天下。"

第十六章

【解义】

孟子赞扬舜从善如流。

【原文】

13.16　孟子曰:"舜之居深山之中,与木石居,与鹿豕游,其所以异于深山之野人者几希。及其闻一善言,见一善行,若决江河,沛然莫之能御也。"

【译文】

孟子说:"舜住在深山之中,和树木岩石为伴,与麋鹿野猪为友,他和深山中的野人相区别的地方很少。等他听到一句好的言语,看到一件好的行为,就像江河决堤一样奔向这善言善行,汹涌澎湃没人能挡。"

第十七章

【解义】

孟子论述人不要干不该干的事。

【原文】

13.17 孟子曰:"无为其所不为,无欲其所不欲,如此而已矣。"

【译文】

孟子说:"不做自己不愿做的,不要自己不愿要的,如此而已。"

第十八章

【解 义】

孟子论述多灾多难者往往德高而智广。

【原 文】

13.18 孟子曰:"人之有德、慧、术、知者,恒存乎疢疾。独孤臣孽子,其操心也危,其虑患也深,故达。"

【译 文】

孟子说:"人所具有的德行、智慧、道术、知识,总是存在于多灾多难者的身上。只有那孤臣、孽子①,他们的心关注着危机,他们对灾难的思考非常深入,所以通达事理。"

---

① 孤臣:被疏远之臣。孽子:庶子。二者都是不得宠爱的。

第十九章

【解义】

　　孟子论述佞臣和社稷之臣的区别,以及什么叫天民、大人。

【原文】

　　13.19　孟子曰:"有事君人者,事是君则为容悦者也。有安社稷臣者,以安社稷为悦者也。有天民者,达可行于天下而后行之者也;有大人者,正己而物正者也。"

【译文】

　　孟子说:"有人是事奉君主个人的,事奉这个君主就用笑脸讨君主喜欢就是。有人是使社稷①安宁的臣子,以社稷安宁

---

① 社稷:周天子封建诸侯,同时为诸侯建立社(土神)稷(谷神)祭坛。社稷,是诸侯国的象征。

为快乐。有人是天民，若得志，其道可行于天下，才去实行；有人是大人，端正自己从而使别人也端正的人。"

第二十章

【解 义】

孟子讲君子的"三乐"。

【原 文】

13.20　孟子曰："君子有三乐，而王天下不与存焉。父母俱存，兄弟无故，一乐也；仰不愧于天，俯不怍于人，二乐也；得天下英才而教育之，三乐也。君子有三乐，而王天下不与存焉。"

【译 文】

孟子说："君子有三种快乐，称王天下不包括在内。父母健在，兄弟平安，是第一种快乐；上无愧于天，下无对不起人，是第二种快乐；得到天下的精英之才作弟子，是第三种快乐。君子有这三种快乐，称王天下是不包括在内的。"

第二十一章

【解义】

孟子阐述君子的欲望、快乐以及与本性的关系。

【原文】

13.21 孟子曰:"广土众民,君子欲之,所乐不存焉。中天下而立,定四海之民,君子乐之,所性不存焉。君子所性,虽大行不加焉,虽穷居不损焉,分定故也。君子所性,仁、义、礼智根于心。其生色也睟然,见于面,盎于背,施于四体,四体不言而喻。"

【译文】

孟子说:"地广人多,君子希望得到,他的快乐不在这里。位于天下的中心,使所有的百姓安宁,君子觉得快乐,他的本性还不是这个。君子的本性,统治整个天下也不增加,即使穷困独处也不减少,是秉受于天的本分所决定的。君子的本性,仁、义、礼、智根源在心中。它们表现出来,安详柔和，表现在脸上，充满在背上，也表现于四肢的一举一动，四肢不用我说，就明白该怎么做。"

第二十二章

【解 义】

本章孟子阐述周文王的王道仁政。

【原 文】

13.22 孟子曰："伯夷辟纣，居北海之滨，闻文王作，兴曰：'盍归乎来？吾闻西伯善养老者。'太公辟纣，居东海之滨，闻文王作，兴曰：'盍归乎来？吾闻西伯善养老者。'天下有善养老，则仁人以为己归矣。五亩之宅，树墙下以桑，匹妇蚕之，则老者足以衣帛矣。五母鸡，二母彘，无失其时，老者足以无失肉矣。百亩之田，匹夫耕之，八口之家足以无饥矣。所谓西伯善养老者，制其田里，教之树、畜，导其妻子，使养其老。五十非帛不暖，七十非肉不饱。不暖不饱，谓之冻馁。文王之民，无冻馁之老者，此之谓也。"

【译文】

　　孟子说:"伯夷躲避殷纣王,住到了北海之滨,听说周文王兴起,站起来说:'为什么不投奔他去?我听说文王是个善于奉养老人的人。'姜太公躲避殷纣王,住到了东海之滨,听说周文王兴起,站起来说:'为什么不投奔他去?我听说文王是个善于奉养老人的人。'天下有善于奉养老人的地方,仁人就把它作为自己的归宿。五亩大的宅院,墙下种上桑树,妇女养起蚕,老年人就可以穿上丝绸。养五只母鸡,两头母猪,按时饲养,老年人就不会没肉吃了。一百亩的土地,男子去耕种,八口之家就可以免除饥饿。所谓文王善于奉养老人,也就是分给他们土地,教他们种植、养畜,教导他们的妻子,让他们赡养自己的老人。五十岁,不穿丝绸就不暖和;七十岁,不吃肉就吃不饱。不暖不饱,叫作做冻馁。周文王的百姓,没有冻馁的老人,就是这个意思。"

第二十三章

【解　义】

　　本章孟子论述百姓们生活富裕就会有仁爱之心。

【原 文】

13.23　孟子曰:"易其田畴,薄其税敛,民可使富也。食之以时,用之以礼,财不可胜用也。民非水火不生活,昏暮叩人之门户求水火,无弗与者,至足矣。圣人治天下,使有菽粟如水火。菽粟如水火,而民焉有不仁者乎?"

【译 文】

孟子说:"种好庄稼,减轻税收,可让百姓们富足。吃喝按时,消费依礼,财富就用之不尽。百姓们没有水火就不能生活,黄昏时敲人家的门讨要水火,没有人不给的,因为非常充足。圣人治理天下,让百姓们的粮食像水火一样充足。粮食像水火一样充足,百姓们怎能有不仁的呢?"

第二十四章

【解 义】

孟子鼓励君子应有高的追求。

【原文】

13.24 孟子曰:"孔子登东山而小鲁,登泰山而小天下,故观于海者难为水,游于圣人之门者难为言。观水有术,必观其澜。日月有明,容光必照焉。流水之为物也,不盈科不行。君子之志于道也,不成章不达。"

【译文】

孟子说:"孔子登上东山,就觉得鲁国小了;登上泰山,又觉得天下小了。所以看着大海,难以把其他的水称作水①;在圣人门下学习的,难以把其他的言论作为言论。看水有个方法,一定要看水的波涛。日月有光明,能容下光的地方它都照亮。流水这个东西,不注满坑凹不再前进。君子有志于道,不到一定程度,不能融会贯通。"

---

① 因为只有大海那样浩渺无际的水才配称作"水"。

第二十五章

【解义】

孟子论述判断好人坏人,就看他是向善还是求利。

【原文】

13.25 孟子曰:"鸡鸣而起,孳孳为善者,舜之徒也;鸡鸣而起,孳孳为利者,蹠之徒也。欲知舜与蹠之分,无他,利与善之间也。"

【译文】

孟子说:"鸡叫就起床,孜孜不倦行善的,是舜一类的人;鸡叫就起床,孜孜不倦求利的,是蹠①一类的人。要知道舜与蹠的区别,没有别的,就看他是向善还是求利。"

---

① 蹠:也作跖(zhí)。《庄子·盗跖》说他"从卒九千人,横行天下"。

第二十六章

【解 义】

本章孟子借评述杨朱、墨翟和子莫的主张，认为对任何原则，都不应固执、僵化。

【原 文】

13.26　孟子曰："杨子取为我，拔一毛而利天下，不为也。墨子兼爱，摩顶放踵利天下，为之。子莫执中，执中为近之。执中无权，犹执一也。所恶执一者，为其贼道也，举一而废百也。"

【译 文】

孟子说："杨朱主张为我，拔根汗毛以利天下的事，他都不干。墨翟主张兼爱，从头到脚磨得一毛不留以利天下，他也干。子莫①坚持二者之中，坚持二者之中近于正道。坚持二者

---

① 子莫：鲁国人，主张不像杨、墨二人各走一个极端。

之中如果没有权变，和执一①一样。之所以讨厌执一，因为它贼害正道，坚持一条而废弃了百条。"

第二十七章

【解义】

本章孟子论述应经常滋养人心，不使心灵"饥渴"。

【原文】

13.27 孟子曰："饥者甘食，渴者甘饮，是未得饮食之正也，饥渴害之也。岂惟口腹有饥渴之害？人心亦皆有害。人能无以饥渴之害为心害，则不及人不为忧矣。"

【译文】

孟子说："饥饿的人觉得什么都好吃，干渴的人觉得什么都好喝，这是没有得到饮食的正味，是饥渴害了他。难道只是

---

① 执一：固执一点而不知变通。

口腹有饥渴的危害吗？人心也有这样的危害，人能使心灵不遭受饥渴那样的危害，那么就不必为赶不上别人而忧愁了。"

第二十八章

【解 义】

本章孟子评述柳下惠不以三公的高位而改变自己的操守。

【原 文】

13.28　孟子曰："柳下惠不以三公易其介。"

【译 文】

孟子说："柳下惠不以三公的高位改变自己的操守。"

第二十九章

【解 义】

孟子主张做事应坚持到底。

【原 文】

13.29　孟子曰:"有为者辟若掘井,掘井九轫而不及泉,犹为弃井也。"

【译 文】

孟子说:"做一件事就像掘井,掘了七八丈深还不见水,仍然是口废井。"

第三十章

【解 义】

孟子认为,行仁义即使不出于本性,长期如此,也将和出于本性一样。

【原 文】

13.30 孟子曰:"尧、舜,性之也;汤、武,身之也;五霸,假之也。久假而不归,恶知其非有也?"

【译 文】

孟子说:"尧、舜行仁义,是出于本性;汤、武行仁义,是有亲身体会;五霸行仁义,是假借仁义之名。长期假借而不归还,怎能知道他自己本来没有?①"

---

① 朱熹认为,这是说他们自己假借久了,自己就不知这不是自己真有,而别人也不觉得他们虚伪。

第三十一章

【解义】

孟子认为,只有怀抱伊尹之志,才可流放君主。

【原文】

13.31 公孙丑曰:"伊尹曰:'予不狎于不顺。'放大甲于桐,民大悦。大甲贤,又反之,民大悦。贤者之为人臣也,其君不贤,则固可放与?"孟子曰:"有伊尹之志,则可;无伊尹之志,则篡也。"

【译文】

公孙丑问:"伊尹说:'我不亲近倒行逆施的人。'把太甲流放到桐地,百姓们非常高兴。太甲变得贤明了,又恢复他的君位,百姓们非常高兴。贤者作为人臣,君主不贤明,就可以流放吗?"孟子说:"有伊尹那样的志向就可以;没有伊尹那样的志向,就是篡位。"

第三十二章

【解义】

孟子论述君子的社会作用,说明他们不是白吃饭的。

【原文】

13.32 公孙丑曰:"《诗》曰:'不素餐兮。'君子之不耕而食,何也?"孟子曰:"君子居是国也,其君用之,则安富尊荣;其子弟从之,则孝悌忠信。'不素餐兮',孰大于是?"

【译文】

公孙丑说:"《诗经·伐檀》篇说:'不白吃饭。'君子不耕作却有饭吃,为什么呢?"孟子说:"君子住在这个国家,君主任用他,就可安享富贵荣华;让子弟跟着他,子弟们就会孝悌忠信。'不白吃饭',有什么比这更重要的呢?"

第三十三章

【解 义】

本章孟子论述士人应做些什么。

【原 文】

13.33 王子垫问曰:"士何事?"孟子曰:"尚志。"曰:"何谓尚志?"曰:"仁义而已矣。杀一无罪,非仁也;非其有而取之,非义也。居恶在?仁是也;路恶在?义是也。居仁由义,大人之事备矣。"

【译 文】

王子垫①问道:"士人都做些什么?"孟子说:"使自己的志节高尚。"问:"什么叫作做使志节高尚?"孟子说:"也就是行仁义罢了。杀一个无罪的人,就不是仁;不是自己所有却去拿取就不是义。立足在哪里?立足于仁;道路在哪里?道路

---

① 王子垫:齐王之子,名垫。

在义。立足于仁,道路在义,大人的事业就完备了。"

第三十四章

【解 义】

孟子批评陈仲子为小义而忘大义。

【原 文】

13.34 孟子曰:"仲子,不义与之齐国而弗受,人皆信之。是舍箪食豆羹之义也。人莫大焉亡亲戚、君臣、上下。以其小者信其大者,奚可哉?"

【译 文】

孟子说:"陈仲子,用不义的方式把整个齐国都给他他也不要,人们都相信了。这不过是放弃一碗饭、一碗汤之类的小义。人的罪过再没有比不要父兄、君臣、上下更大的。因为这点小节就相信他的大节,怎么可以呢?"

第三十五章

【解 义】

本章孟子解答了一个假设的疑难问题：儿子做天子，父亲犯了杀人罪，该怎么办？

【原 文】

13.35 桃应问曰："舜为天子，皋陶为士，瞽瞍杀人，则如之何？"孟子曰："执之而已矣。""然则舜不禁与？"曰："夫舜恶得而禁之？夫有所受之也。""然则舜如之何？"曰："舜视弃天下犹弃敝蹝也。窃负而逃，遵海滨而处，终身䜣然，乐而忘天下。"

【译 文】

桃应①问道："舜做天子，皋陶②为法官，瞽瞍杀人，该怎

---

① 桃应：孟子弟子。
② 皋陶：陶，音 yáo，舜的贤臣，主管司法。

么办?"孟子说:"逮捕他就是了。""那么,舜不制止吗?"答:"舜怎么能制止?逮捕他是根据法律。""那么舜该怎么办?"孟子说:"舜把抛弃天子之位看得像扔掉一只旧鞋。他应该偷偷地背起父亲逃走,到荒凉的海滨隐居起来,终身高高兴兴,而忘记整个天下。"

第三十六章

【解 义】

孟子论述居处环境对人的影响之大。

【原 文】

13.36 孟子自范之齐,望见齐王之子,喟然叹曰:"居移气,养移体,大哉居乎!夫非尽人之子与?"孟子曰:"王子宫室、车马、衣服,多与人同。而王子若彼者,其居使之然也。况居天下之广居者乎?鲁君之宋,呼于垤泽之门。守者曰:'此非吾君也,何其声之似我君也?'此无他,居相似也。"

【译 文】

孟子从范地到齐国都城，远远望见齐王的儿子，感叹地说："居处改变人的气质，营养改变人的体质，居处环境的影响真大啊！不都一样是人的儿子吗？"孟子又说："王子的住宅、车马、衣服，大多和别人相同。而王子成为那个样子，是所处的地位使他那样啊。何况居处于仁这个天下最广大的宅院呢？鲁君到宋国去，在宋国的城门下喊门①。守城门的人说：'这不是我们君主，为什么声音这么像我们的君主？'这没有别的原因，他们所处的地位相同啊。"

第三十七章

【解 义】

孟子说，君子要的是真正的恭敬。

【原 文】

13.37　孟子曰："食而弗爱，豕交之也；爱而不

---

① 赵岐注：夜里不开城门，鲁君亲自喊门。

敬，兽畜之也。恭敬者，币之未将者也。恭敬而无实，君子不可虚拘。"

【译文】

孟子说："喂养而不爱，是和猪打交道的方式；爱而不恭敬，是养狗养猫的态度。恭敬，在礼物到来之前就应存在。恭敬而没有实心实意，君子的心不可被假相迷住。"

第三十八章

【解义】

孟子认为只有圣人才能使形体、容貌的作用得以实现（"践形"）。

【原文】

13.38 孟子曰："形色，天性也。惟圣人然后可以践形。"

【译文】

孟子说："形体、容貌，是天生的。只有圣人，才能使形体、容貌的作用得以实现①。"

第三十九章

【解 义】

本章孟子论丧礼。

【原 文】

13.39 齐宣王欲短丧。公孙丑曰："为期之丧，犹愈于已乎？"孟子曰："是犹或紾其兄之臂，子谓之姑徐徐云尔，亦教之孝悌而已矣。"王子有其母死者，其傅为之请数月之丧。公孙丑曰："若此者，何如也？"曰："是欲终之而不可得也。虽加一日愈于已，谓夫莫之禁而不为者也。"

【译 文】

齐宣王想缩短守丧期。公孙丑说："守丧一年，不是比不

---

① 如耳聪用于听，目明实现于视，俊美的形体、容貌用于行善等。

守还强一些吗？"孟子说："这就像有人在扭他哥哥的胳膊，你对他说慢一点罢了，你应该教他孝悌的道理才是。"王子中有死了母亲的，他师傅为他请求几个月的守丧期。公孙丑说："像这样的事，该如何看待？"孟子说："这是他想守三年却办不到。即使多加一天也比没有强，我以前批评的是那些没人阻止他却不去做的人。"

第四十章

【解义】

孟子论述君子教人的五种方法。

【原文】

13.40 孟子曰："君子之所以教者五。有如时雨化之者，有成德者，有达财者，有答问者，有私淑艾者。此五者，君子之所以教也。"

【译文】

孟子说："君子用以教人的方法有五种。有像及时雨般的浸润使人感化的，有成就德行的，有发挥才能的，有解答疑问的，有后人加以推崇而向他学习的。这五种方式，是君子用来教人的。"

第四十一章

【解义】

孟子解释君子为什么不把道变得好学一些。

【原文】

13.41 公孙丑曰："道则高矣，美矣，宜若登天然，似不可及也。何不使彼为可几及而日孳孳也？"孟子曰："大匠不为拙工改废绳墨，羿不为拙射变其彀率。君子引而不发，跃如也。中道而立，能者从之。"

【译文】

公孙丑问："道确实是崇高、美妙，几乎就如登天一样，似乎不可企及。为什么不把道变得可以企及让大家天天努力学习呢？"孟子说："高明的木匠不为拙笨的工人改换他的规矩,羿不为了拙笨的射手变更拉弓的标准。君子拉满弓却不发射,只是跃跃欲试。君子立足于中道①,有才能的跟着他。"

第四十二章

【解义】

孟子论述不同条件下人应如何对待道。

【原文】

13.42　孟子曰:"天下有道,以道殉身;天下无道,以身殉道。未闻以道殉乎人者也。"

【译文】

孟子说:"天下有道,使道始终伴随自身;天下无道,使自身始终伴随着道。没听说过牺牲道来屈从别人的。"

---

① 中道:中,朱熹认为是不过分,也没有不及。中道而立,"言其非难非易"。

第四十三章

【解 义】

孟子解释自己为什么不理睬滕更。

【原 文】

13.43 公都子曰:"滕更之在门也,若在所礼而不答,何也?"孟子曰:"挟贵而问,挟贤而问,挟长而问,挟有勋劳而问,挟故而问,皆所不答也。滕更有二焉。"

【译 文】

公都子问:"滕更①愿意来向您学习,应以礼相待,您不理睬他,这是为什么?"孟子说:"依仗尊贵发问,依仗贤能发问,依仗年长发问,依仗有功勋发问,依仗是老朋友发

---

① 滕更:滕君的弟弟。

问,都不回答。滕更有两条①。"

第四十四章

【解 义】

本章是孟子告诫人们操守不可有丝毫放松,进取的心不可太急切。

【原 文】

13.44 孟子曰:"于不可已而已者,无所不已;于所厚者薄,无所不薄也。其进锐者,其退速。"

【译 文】

孟子说:"不该罢手的事情罢手,那就没有不可罢手的;该厚待的事情上刻薄,就没有什么不刻薄了。进取太急切的,后退得也快。"

---

① 两条是依仗尊贵,依仗贤能。

第四十五章

【解 义】

本章孟子论述君子对亲属、百姓、物的三种不同态度,即亲亲、仁民、爱物。儒家反对墨家"兼爱",主张"爱有差等",以与自己血缘关系的远近,决定爱的程度和先后次序。

【原 文】

13.45 孟子曰:"君子之于物也,爱之而弗仁;于民也,仁之而弗亲。亲亲而仁民,仁民而爱物。"

【译 文】

孟子说:"君子对于物,爱惜却不仁慈;对百姓,仁慈却不亲近。亲近亲属而仁慈百姓,仁慈百姓而爱惜万物。"

第四十六章

【解义】

孟子论述处事应有轻重缓急。

【原文】

13.46 孟子曰:"知者无不知也,当务之为急;仁者无不爱也,急亲贤之为务。尧、舜之知而不遍物,急先务也;尧、舜之仁不遍爱人,急亲贤也。不能三年之丧,而缌、小功之察;放饭流歠,而问无齿决:是之谓不知务。"

【译文】

孟子说:"智者没有不知道的,须马上做的是急事;仁者没有不爱的,把亲近贤人当作该办的急事。尧、舜的智慧不去周知一切,是为了立即处理那该先办的事;尧、舜的仁慈不能遍爱所有的人,是由于要立即处理亲近贤人的事。不能首先关注三年的丧期,对三月、五月的丧礼却精细研究;不顾礼貌地狼吞虎咽,却去讲究不要用牙齿咬断干肉之类的小节:这就是不会处事。"

第七篇（下） 尽心（下）

共三十八章

第一章

【解义】

孟子批评梁惠王为争夺土地而发动战争，认为他是不仁的人。

【原文】

14.1　孟子曰："不仁哉，梁惠王也！仁者以其所爱及其所不爱，不仁者以其所不爱及其所爱。"公孙丑问曰："何谓也？""梁惠王以土地之故，糜烂其民而战之，大败；将复之，恐不能胜，故驱其所爱子弟以殉之。是之谓以其所不爱及其所爱也。"

【译文】

孟子说："梁惠王不仁啊！仁者把对亲爱者的爱推广到自己所不爱者，不仁者把对不爱者的不爱推广到自己的亲爱者身上。"公孙丑问："什么意思？""梁惠王为了争夺土地，让百姓们流血牺牲去作战，大败；他想再战，又怕不能取胜，所以就驱赶他所亲爱的子弟去送死①。这就是把对待不爱者的态度推广到自己的亲爱者身上。"

第二章

【解义】

孟子认为"《春秋》无义战"。

---

① 梁惠王派他的长子申与齐作战，战死。

【原 文】

14.2 孟子曰:"《春秋》无义战。彼善于此,则有之矣。征者,上伐下也,敌国不相征也。"

【译 文】

孟子说:"《春秋》所记载的战争没有正义①的。那个比这个好一点,这样的事有。征,是天子讨伐诸侯,地位相等的国家不相征。"

第三章

【解 义】

本章孟子评论对《尚书》不可尽信。

【原 文】

14.3 孟子曰:"尽信《书》,则不如无《书》。吾

---

① 孟子所说的正义,是不听天子的号令而擅自行事,所以是不义。

于《武成》,取二三策而已矣。仁人无敌于天下,以至仁伐至不仁,而何其血之流杵也?"

【译文】

孟子说:"完全相信《尚书》,就不如没有《尚书》。我对于《尚书·武成》篇,只信他三五句话就是了。仁人天下无敌,用最高的仁讨伐不仁的人,何至于血流飘杵①?"

第四章

【解义】

本章孟子抨击善于作战者有大罪。

【原文】

14.4 孟子曰:"有人曰:'我善为陈,我善为战。'大罪也。国君好仁,天下无敌焉。南面而征北夷怨,东

---

① 《尚书·武成》篇讲周武王伐纣,纣王战败,武王进攻,以致"血流飘杵",即血流成河,可飘浮起舂米的杵。

面而征西夷怨。曰：'奚为后我?'武王之伐殷也，革车三百两，虎贲三千人。王曰：'无畏！宁尔也，非敌百姓也。'若崩厥角稽首。征之为言正也，各欲正己也，焉用战？"

【译文】

孟子说："有人说：'我善于布阵，我善于作战。'这是大罪啊。国君爱好仁，就天下无敌。出征南方，北方就埋怨；出征东方，西方就埋怨。说：'为什么把我放在后头。'武王讨伐殷朝，兵车三百辆，武士三千人。武王说：'不要害怕！是使你们安宁的，不是打老百姓的。'① 百姓们好像要撞崩了头似的叩头。征的意思是正，都想让仁者来端正自己的国家，哪里用得着布阵作战？"

第五章

【解义】

本章孟子论述，前人只能给后人一个原则，要运用得

---

① 孟子认为武王这话是对殷朝百姓说的。

好，全靠自己。

【原文】

14.5 孟子曰："梓匠轮舆能与人规矩，不能使人巧。"

【译文】

孟子说："木匠们能给人一个尺寸标准，却不能使人达到巧妙。"

第六章

【解义】

本章孟子赞扬舜随遇而安。

【原文】

14.6 孟子曰："舜之饭糗茹草也，若将终身焉。及其为天子也，被袗衣，鼓琴，二女果，若固有之。"

【译 文】

孟子说:"舜啃干粮吞野菜的时候,似乎要这样过一辈子。等他做了天子,穿着华丽的衣服①,弹着琴,尧的两个女儿侍奉着,好像本来如此。"

第七章

【解 义】

孟子认为,杀别人的亲人,别人也会报复杀自己的亲人,这等于自己杀自己亲人。

【原 文】

14.7 孟子曰:"吾今而后知杀人亲之重也。杀人之父,人亦杀其父;杀人之兄,人亦杀其兄。然则非自杀之也,一间耳。"

---

① 袗:赵岐注:"画也。"袗衣,译为"华丽的衣服"。杨伯峻译为"麻葛单衣",体现不出做天子后的富贵景象。

【译 文】

孟子说:"我从今而后知道杀害别人亲属的严重了。他杀别人父亲,别人也会杀他的父亲;他杀别人兄长,别人也会杀他的兄长。虽然不是自己杀的,不过是换了一个人罢了。"

第八章

【解 义】

孟子抨击当时的关卡多暴行。

【原 文】

14.8 孟子曰:"古之为关也,将以御暴;今之为关也,将以为暴。"

【译 文】

孟子说:"古代设置关卡,为的是防御暴行;今天设置关卡,却是打算制造暴行。"

第九章

【解 义】

孟子认为,不行正道的人,连妻子儿女也不会听他的。

【原 文】

14.9 孟子曰:"身不行道,不行于妻子。使人不以道,不能行于妻子。"

【译 文】

孟子说:"自己不行正道,正道就无法让妻子儿女实行。使唤人不用正道,就不能指使得动妻子儿女。"

第十章

【解 义】

本章孟子论述积财、积德的不同作用。

【原 文】

14.10 孟子曰:"周于利者,凶年不能杀;周于德者,邪世不能乱。"

【译 文】

孟子说:"财富充足的,荒年饿不死;道德高尚的,世道邪恶也不会做坏事。"

第十一章

【解 义】

孟子论述如何看待人的退让：是好名呢，还是真心呢？

【原 文】

14.11　孟子曰："好名之人能让千乘之国。苟非其人，箪食、豆羹见于色。"

【译 文】

孟子说："好名的人也能让出千乘之国。假若本不是那种人，可在一碗饭、一碗汤之间见到他的贪争脸色。"

第十二章

【解 义】

本章孟子论述仁贤、礼义、政事的不同作用。

【原 文】

14.12 孟子曰:"不信仁贤,则国空虚;无礼义,则上下乱;无政事,则财用不足。"

【译 文】

孟子说:"不信任仁人贤人,国家就空虚无人;没有礼义,就上下关系混乱;管不好政事,就财政困难。"

第十三章

【解义】

本章孟子论述不仁者可得一国,但得不了天下。

【原文】

14.13 孟子曰:"不仁而得国者,有之矣;不仁而得天下者,未之有也。"

【译文】

孟子说:"不仁者得到一个诸侯国,这样的事是有的;不仁者得到天下,这样的事是从来没有的。"

第十四章

【解 义】

本章孟子论述一个国家的三大组成部分中,民为贵,社稷神次之,君为轻。

【原 文】

14.14 孟子曰:"民为贵,社稷次之,君为轻。是故得乎丘民而为天子,得乎天子为诸侯,得乎诸侯为大夫。诸侯危社稷,则变置。牺牲既成,粢盛既絜,祭祀以时,然而旱干水溢,则变置社稷。"

【译 文】

孟子说:"民为贵,社稷神次之,君为轻。所以得到人民拥护的可做天子,得到天子信任的可做诸侯,得到诸侯信任的可做大夫。诸侯危害社稷①,改立诸侯。献祭的牛羊肥壮,祭

---

① 诸侯无道,使社稷将被别人所灭。

品洁净，祭礼也按时，然而仍然有旱灾水灾，就改立社稷①。"

第十五章

【解义】

　　本章孟子论述圣人是人民的"百世之师"，即千秋万代的师。

【原文】

　　14.15　孟子曰："圣人，百世之师也，伯夷、柳下惠是也。故闻伯夷之风者，顽夫廉，懦夫有立志；闻柳下惠之风者，薄夫敦，鄙夫宽。奋乎百世之上，百世之下，闻者莫不兴起也。非圣人而能若是乎，而况于亲炙之者乎？"

---

① 孙奭疏：改立社稷，即"更立有功于民者为之"。古人认为，从颛顼帝以来，是立有功于民者为社（土神）和稷（谷神）。社是句（勾）龙，稷是柱。据说汤时大旱，汤曾抛弃、改换了那象征社稷之神的柱子。

【译文】

　　孟子说:"圣人,是百代的老师,伯夷、柳下惠就是这样的圣人。所以听到伯夷风范的人,糊涂人可分辨善恶,懦夫也发愤立志;听到柳下惠风范的,浅薄的人也会变得敦厚,狭隘的人也会心胸宽广。在百代以上发奋,百代以下,听到的人没有不振奋起来的。不是圣人能做到这样吗?何况那亲自受圣人熏陶的人呢?"

第十六章

【解 义】

　　孟子解释仁与道。

【原 文】

　　14.16　孟子曰:"仁也者,人也。合而言之,道也。"

【译 文】

孟子说:"仁,就是人。仁和人合起来说,就是道。"

第十七章

【解 义】

本章孟子阐述孔子离开祖国和离开别国时的不同态度。

【原 文】

14.17 孟子曰:"孔子之去鲁,曰:'迟迟吾行也。'去父母国之道也。去齐,接淅而行,去他国之道也。"

【译 文】

孟子说:"孔子离开鲁国时,说:'慢慢走吧。'这是离开父母之国的道理。离开齐国时,等不到饭熟就走,这是离开别国时的道理。"

第十八章

【解 义】

孟子评述孔子困于陈国、蔡国之间的原因。

【原 文】

14.18 孟子曰:"孔子之戹于陈、蔡之间,无上下之交也。"

【译 文】

孟子说:"君子被困于陈国、蔡国之间,是因为跟两国的君臣都没有交往。"①

---

① 朱熹注:"君臣皆恶,无所与交也。"

第十九章

【解义】

孟子论述士人多遭谗言。

【原文】

14.19　貉稽曰:"稽大不理于口。"孟子曰:"无伤也,士憎兹多口。《诗》云:'忧心悄悄,愠于群小。'孔子也。'肆不殄厥愠,亦不殒厥问。'文王也。"

【译文】

貉稽①说:"我遭到别人很多非议。"孟子说:"没有关系,士人往往遭到许多非议。《诗经·柏舟》篇说:'忧心重重,触怒了一班小人。'这说的是孔子啊。《诗经·绵》篇说:'消除不了他的愠怒,也损害不了文王的声誉。'这说的是周文王啊。"

① 貉稽:姓貉(貊),名稽。一位出仕者。

第二十章

【解 义】

孟子批评当时有人自己糊涂,却想要别人明白。

【原 文】

14.20 孟子曰:"贤者以其昭昭,使人昭昭;今以其昏昏,使人昭昭。"

【译 文】

孟子说:"贤者用自己的明白,让别人明白;现在却有人要用自己的稀里糊涂,让别人明白。"

第二十一章

【解 义】

孟子批评高子的心像小路被茅草堵塞。

【原 文】

14.21 孟子谓高子曰:"山径之蹊间,介然用之而成路。为间不用,则茅塞之矣。今茅塞子之心矣。"

【译 文】

孟子对高子①说:"山坡上人走过的地方有间隙,忽然有一天人们都从这里走,也就成了路。有间隙而不用,茅草就把它塞住了。现在茅草堵塞了你的心了。"

---

① 赵岐注:高子,曾向孟子学习,没学成,又去向别人学。

第二十二章

【解 义】

孟子批评高子下判断对证据不加分析。

【原 文】

14.22 高子曰:"禹之声,尚文王之声。"孟子曰:"何以言之?"曰:"以追蠡。"曰:"是奚足哉?城门之轨,两马之力与?"

【译 文】

高子说:"禹时的音乐,比文王时的好。"孟子说:"为什么这么说?"答:"禹的钟纽快断了。"① 孟子说:"这怎么可作为根据?城门下的车辙深,难道是一辆车轧的吗?"

---

① 高子认为这一定是因为音乐好,用的人多。

第二十三章

【解 义】

本章孟子说自己不可能再劝齐王开仓赈济了。

【原 文】

14.23 齐饥。陈臻曰:"国人皆以夫子将复为发棠,殆不可复。"孟子曰:"是为冯妇也。晋人有冯妇者,善搏虎,卒为善士。则之野,有众逐虎。虎负嵎,莫之敢撄。望见冯妇,趋而迎之。冯妇攘臂下车,众皆悦之,其为士者笑之。"

【译 文】

齐国闹饥荒。陈臻说:"齐国人都以为先生您将再次劝齐王打开棠邑的粮食赈济饥民,似乎不可再这样做吧。"孟子说:"再这样做就成冯妇①了。晋国有个冯妇,善于打虎,后

---

① 冯妇:姓冯,名妇。

来成为优秀的士人。有次到了野外,有一群人在撵虎。虎负隅顽抗,没人敢上前。大家看见冯妇,一齐来迎接求援。冯妇挽起袖子下车,大家都很高兴,但士人的圈子里却都嘲笑他。"①

第二十四章

【解 义】

孟子在本章中区别了性与命。

【原 文】

14.24　孟子曰:"口之于味也,目之于色也,耳之于声也,鼻之于臭也,四肢之于安佚也,性也。有命焉,君子不谓性也。仁之于父子也,义之于君臣也,礼之于贤主也,知之于贤者也,圣人之于天道也,命也。有性焉,君子不谓命也。"

【译 文】

孟子说:"口对于美味,目对于美色,耳对于美妙的音

---

① 此时齐王也像老虎一样,负隅逞威,不可再斗。

乐，鼻对于芳香的气味，四肢对于安逸，喜欢它们是自己的本性。但这里有天命存在，君子不认为本性的要求都应满足。仁对于父子，义对于君臣，礼对于宾主，智对于贤者，圣人对于天道，能行这些是天命。但这里有自己的本性存在，圣人不认为由于天命无法实行的事就不去学习培养品德。"

第二十五章

【解义】

本章孟子评论乐正子的为人。

【原文】

14.25 浩生不害问曰："乐正子何人也？"孟子曰："善人也，信人也。""何谓善？何谓信？"曰："可欲之谓善，有诸己之谓信，充实之谓美，充实而有光辉之谓大，大而化之之谓圣，圣而不可知之之谓神。乐正子，二之中、四之下也。"

【译文】

浩生不害①问道:"乐正子为人如何?"孟子说:"是个善人,信人。""什么叫善?什么叫信?"孟子说:"值得追求的叫作做善,自己有善叫作做信,善充满全身叫作做美,充满并且能发出光辉叫作做大,光大并且能使天下人感化叫作做圣,圣又高深莫测叫作做神。乐正子,在善与信二者之中,在美、大、圣、神四者之下。"

第二十六章

【解义】

本章孟子评论脱离墨子、杨朱学说后的归宿。主张对归于儒家的不要再追咎已往。

【原文】

14.26 孟子曰:"逃墨必归于杨,逃杨必归于儒。

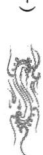

---

① 浩生不害:姓浩生,名不害,齐国人。

归，斯受之而已矣。今之与杨、墨辩者，如追放豚，既入其苙，又从而招之。"

【译文】

孟子说："逃离墨家一定归于杨朱，逃离杨朱必定归于儒家。归来，接受就是了。今天和杨、墨二家辩论的，好像追赶丢失的小猪，小猪进圈了，还要把它的脚拴上。"①

第二十七章

【解义】

本章孟子阐述对国家赋税、劳役的主张。

【原文】

14.27 孟子曰："有布缕之征，粟米之征，力役之征。君子用其一，缓其二。用其二而民有殍，用其三而父子离。"

---

① 朱熹注：这是说有人对待归儒的人，还要追咎人家以往的失误。

【译文】

孟子说:"国家赋税,有征收布料、绳子①的,有征收粮食的,有征用劳动力的。君子征收一种,缓征其他两种。同时征收两种,百姓就有饿死的;同时征收三种,百姓就会家破人亡、妻离子散了。"

第二十八章

【解义】

孟子论述诸侯的真正宝物不是珠玉,而是人民、政事和土地。

【原文】

14.28 孟子曰:"诸侯之宝三:土地、人民、政事。宝珠玉者,殃必及身。"

---

① 布缕:赵岐注:"布,军卒以为衣也。缕,铁铠甲之缕也",焦循《孟子正义》认为"赵氏义为长",故译为"布料、绳子"。

【译 文】

孟子说:"诸侯的宝贝有三种:土地、人民、政事。把珠玉当宝贝的,灾祸一定会降临到他自己身上。"

第二十九章

【解 义】

本章孟子凭自己对盆成括的了解预测到他将有杀身之祸。

【原 文】

14.29　盆成括仕于齐。孟子曰:"死矣,盆成括!"盆成括见杀,门人问曰:"夫子何以知其将见杀?"曰:"其为人也小有才,未闻君子之大道也,则足以杀其躯而已矣。"

【译 文】

　　盆成括①出仕于齐国。孟子叹息说:"盆成括要死了!"盆

---

① 盆成括:姓盆成,名括。曾向孟子学习过。

成括被杀，弟子们问道："先生您怎么知道盆成括会被杀？"孟子说："这个人有点小才，却不懂君子的大道，这就足以使他遭杀身之祸了。"

第三十章

【解义】

本章孟子通过与旅馆中人关于旅馆丢失一双鞋子的对话，阐述了自己办学收徒的原则。

【原文】

14.30　孟子之滕，馆于上宫。有业屦于牖上，馆人求之弗得。或问之曰"若是乎从者之廋也？"曰："子以是为窃屦来与？"曰："殆非也。夫子之设科也，往者不追，来者不拒。苟以是心至，斯受之而已矣。"

【译文】

孟子到滕国，住在上宫①。有双没织成的鞋子放在窗台

---

①　上宫：赵岐注认为是旅馆的楼上。

上,馆里人找不到了。有人问孟子:"你的随从们就是这样喜欢拿别人的东西吗?"孟子说:"您认为他们是为偷草鞋来的吗?"那人回答:"当然不是的。不过先生开设了各门课程,已经走的就管不着了,想要来的都不拒绝。只要他抱着问道之心而来,你都一律接受。"

第三十一章

【解 义】

　　孟子认为人都有不忍心的地方,不愿意做的事。推广这样的心,就能达到仁义。孟子主张人应保持自尊,不应投机钻营。

【原 文】

　　14.31　孟子曰:"人皆有所不忍,达之于其所忍,仁也。人皆有所不为,达之于其所为,义也。人能充无欲害人之心,而仁不可胜用也;人能充无穿逾之心,而义不可胜用也;人能充无受尔汝之实,无所往而不为义也。士未可以言而言,是以言餂之也;可以言而不言，是以不言餂之也，是皆穿逾之类也。"

【译文】

　　孟子说："人都有不忍心的地方，推广到他所忍心的，就是仁。人都有不愿做的事，推广到他愿意做的，就是义。人能扩充那不愿害人的心，仁就用不完了；人能扩充不偷窃的心，义就用不完了；人能扩充不受轻贱的心，就没有什么言行不合乎义的。做个士人，不该给人说话的强要给人说话，这是用话试探；应该给人讲话故意不给人讲话，这是用不说话试探，这都是偷窃之类的行为。"

第三十二章

【解义】

　　孟子论述君子应严格要求自己。

【原文】

　　14.32　孟子曰："言近而指远者，善言也；守约而施博者，善道也。君子之言也，不下带而道存焉；君子之守，修其身而天下平。人病舍其田而芸人之田，所求于人者重，而所以自任者轻。"

【译文】

孟子说："言辞浅近却意义深远，这是善言；坚持的简约应用却非常广博，这是善道。君子之言，不离身边的事却讲的都是大道；君子所坚持的，修养自己就可使天下太平。有些人的毛病，就是喜欢放着自己的地不管却去替别人锄草，他们要求别人的太多，而要求自己的却太少。"

第三十三章

【解义】

本章孟子论述古代圣人的言行，认为有的是出于本性，有的是回到了本性。

【原文】

14.33 孟子曰："尧、舜，性者也；汤、武，反之也。动容周旋中礼者，盛德之至也。哭死而哀，非为生者也。经德不回，非以干禄也；言语必信，非以正行也。君子行法，以俟命而已矣。"

【译文】

孟子说："尧、舜的言行，是出于本性；汤、武的言行，是复归到了本性。一言一行都合乎礼，是最高的美德。哭死者哭得悲哀，不是为了给生者看的。守道德而不违背，不是为了谋取俸禄；说话必讲信用，不是有意端正自己的行为。君子按法度行事，其他则等着天命就是了。"

第三十四章

【解义】

孟子主张在大人物面前要无所畏惧。

【原文】

14.34　孟子曰："说大人则藐之，勿视其巍巍然。堂高数仞，榱题数尺，我得志，弗为也。食前方丈，侍妾数百人，我得志，弗为也。般乐饮酒，驱骋田猎，后车千乘，我得志，弗为也。在彼者，皆我所不为也；在我者，皆古之制也，吾何畏彼哉？"

【译文】

孟子说："向大人物进言时，要藐视他，不要管他那高高在上的样子。几丈高的殿堂，好几尺宽的屋檐，我若是得志，不用这些；菜肴几十种，侍女数百人，我若是得志，不用这些；高奏着音乐饮酒，驾着骏马飞奔打猎，随从的车辆上千，我若是得志，不用这些。他有的，都是我所不屑要的，我有的，都是古代的制度，我为什么要怕他呢？"

第三十五章

【解义】

本章孟子论述养心的最好办法是寡欲。

【原文】

14.35 孟子曰："养心莫善于寡欲。其为人也寡欲，虽有不存焉者，寡矣；其为人也多欲，虽有存焉者，寡矣。"

【译文】

孟子说："修养心性的最好办法是减少欲望。为人欲望少，善性即使有所丧失，丧失的也很少；为人欲望多，善性即使有所保存，保存的也很少。"

第三十六章

【解 义】

本章孟子评论曾参不吃羊枣的原因。

【原 文】

14.36 曾晳嗜羊枣，而曾子不忍食羊枣。公孙丑问曰："脍炙与羊枣孰美？"孟子曰："脍炙哉！"公孙丑曰："然则曾子何为食脍炙而不食羊枣？"曰："脍炙所同也，羊枣所独也。讳名不讳姓，姓所同也，名所独也。"

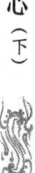

【译文】

曾皙爱吃黑枣①,而曾参不忍心吃黑枣。公孙丑问道:"烤肉和黑枣哪个好吃?"孟子说:"当然是烤肉啊!"公孙丑说:"那么曾参为什么吃烤肉却不吃黑枣呢?"孟子说:"爱吃烤肉是大家共同的,爱吃黑枣的只是曾皙。避讳名不避讳姓,姓是大家共同的,名只是个人的。"

第三十七章

【解 义】

本章孟子评论狂人和乡愿。

【原 文】

14.37 万章问曰:"孔子在陈,曰:'盍归乎来?吾

---

① 黑枣:古名羊枣。黑枣树经嫁接即为柿树,未嫁接时所结果实即黑枣。

党之士狂简,进取不忘其初①。'孔子在陈,何思鲁之狂士?"孟子曰:"孔子'不得中道而与之,必也狂狷乎!狂者进取,狷者有所不为也'。孔子岂不欲中道哉?不可必得,故思其次也。""敢问何如斯可谓狂矣?"曰:"如琴张、曾晳、牧皮者,孔子之所谓狂矣。""何以谓之狂也?"曰:"其志嘐嘐然,曰:'古之人!古之人!'夷考其行,而不掩焉者也。狂者又不可得,欲得不屑不絜之士而与之,是狷也,是又其次也。孔子曰:'过我门而不入我室,我不憾焉者,其惟乡原乎!乡原,德之贼也。'"曰:"何如斯可谓之乡原矣?"曰:"'何以是嘐嘐也?言不顾行,行不顾言,则曰,古之人,古之人。行何为踽踽凉凉?生斯世也,为斯世也,善斯可矣②。'阉然媚于世也者,是乡原也。"万子章:"一乡皆称原人焉,无所往而不为原人,孔子以为德之贼,何哉?"曰:"非之无举也,刺之无刺也。同乎流俗,合乎污世。居之似忠信,行之似廉洁。众皆悦之,自以为是,而不可与入尧、舜之道,故曰'德之贼'也。孔子曰:'恶似而非者:恶莠,恐其乱苗也;恶佞,恐其乱义也;恶利口,恐其乱信也;恶郑声,恐其乱乐也;恶紫,恐其乱

---

① 朱熹注"狂简"为"志大而略于事",注"不忘其初"为"不能改其旧"。
② 朱熹注"善斯可矣"为"使当世之人皆以为善,则可矣"。

朱也；恶乡原，恐其乱德也。'君子反经①而已矣。经正，则庶民兴；庶民兴，斯无邪慝矣。"

【译 文】

万章问道："孔子在陈国说：'为什么不回去呢？我家乡的人，狂傲志大而粗疏，勇于进取，却改不掉旧日习惯。'孔子在陈国，为什么思念鲁国的狂士？"孟子说："孔子曾说：'得不到中道而行的人为友，就只能结识狂者和狷者了！狂者勇于进取，狷者不做自己不愿做的事。'孔子怎么不想得到中道而行的人呢？不一定找到，所以想到了次一等的。""请问怎么样的可以叫作做狂士？"孟子答："像琴张、曾皙、牧皮②等，就是孔子所说的狂士。""为什么说他们狂？"孟子说："他们志大，也好说大话，开口就是'古人如何！古人如何！'考察他们的行为，和他们的话又不相符。假若狂者也得不到，就想得到不愿与世俗同流合污的士人做朋友，这就是狷者，是又次一等的。孔子说：'从我门前经过，却不进我家，我不遗憾的，就只有乡愿了！乡愿，是道德的危害者。'"万章问："什么样的人可以叫作做乡愿呢？"孟子说："他们说：'为什么这样地心高志大、好说大话呢？说的话不管做到

---

① 朱熹注"反经"为"反，复也。经，常也，万世不易之常道也"。
② 琴张：名牢，字子张，和曾皙都是孔子学生。牧皮：据赵岐注，也是孔子学生。

做不到，做的和说的又不一样，动不动就说什么古人如何，古人如何。何必这样的落落寡合？生在这个世界上，为这个世界做事，得个好也就够了。'这种昧着良心讨好当世的人，就是乡愿。"万章说："一乡都称赞他是好人（愿人），那就无论到什么地方都被认为是个好人，孔子却认为这是道德的危害者，为什么呢？"孟子说："说他错，又说不上他错在哪里；批评他，又说不上该批评什么。他和世俗同流，和浊世合污。为人好像忠信，处事好像廉洁。大家都喜欢他，他也自以为做得对，却不可能和他一起进入尧舜之道，所以说是'道德的危害者。'孔子说：'讨厌那些似是而非的东西：讨厌莠草，恐怕它混淆于禾苗；讨厌花言巧语，怕它混淆正义；讨厌夸夸其谈，怕它混淆了信誉；讨厌郑国淫荡的音乐，怕它扰乱严肃的音乐；讨厌紫色，怕它和朱色混淆；讨厌乡愿，怕他们搅乱了道德。'君子回到正统的立场上来就是了。正统的东西端正了，百姓们就会奋起向善；百姓们奋起向善，就没有邪恶了。"

第三十八章

【解义】

本章孟子论述圣人之道的传承。

【原文】

14.38　孟子曰:"由尧、舜至于汤,五百有余岁。若禹、皋陶,则见而知之;若汤,则闻而知之;由汤至于文王,五百有余岁。若伊尹、莱朱,则见而知之;若文王,则闻而知之。由文王至于孔子,五百有余岁。若太公望、散宜生,则见而知之;若孔子,则闻而知之。由孔子而来,至于今,百有余岁。去圣人之世,若此其未远也;近圣人之居,若此其甚也。然而无有乎尔,则亦无有乎尔!"

【译文】

孟子说:"从尧、舜到汤,有五百多年。像禹、皋陶,是见而知之①者；像汤，是闻而知之②者。从汤到文王，有五百多年。像伊尹、莱朱③，是见而知之者；像文王，就是闻而知之的；从文王到孔子，有五百多年。像太公望、散宜生④，是见而知之的；像孔子，是闻而知之的。从孔子以后，到今天，有一百多年。离开圣人的时代如此之近，距离圣人的住地又是这样的近。却没有见而知之者，也没有闻而知之者了！⑤"

---

① 见而知之：见到圣人而学得了道的。
② 闻而知之：由听说而学得了圣人之道的。
③ 莱朱：赵岐注认为是汤的贤臣。
④ 散宜生：姓散，名宜生，周文王的贤臣。
⑤ 孟子这后两句话，赵岐注认为并不是说真的没有知圣人之道者，朱熹认为这是"明其传之有在"。二人意见相同，符合孟子原意，故如此译。

主要参考注译书目

赵岐《孟子注》
朱熹《孟子集注》
焦循《孟子正义》
杨伯峻《孟子译注》